好想法 相信知識的力量

the power of knowledge

寶鼎出版

平衡的力量

從生活智慧到職場體驗，成就夢想的60個人生必修學分

作者——中華華人講師聯盟

推薦序

何毅夫／中華華人講師聯盟第六屆理事長、國際價值協會副價值專家(AVS)

「中華華人講師聯盟」（簡稱華盟）是由一群專業的企業培訓講師所組成的社團，成立迄今已邁入第十年。由於華盟的使命是「分享知識、啟發智慧」，所以講師的聯合著作與出版，已成為華盟不可或缺的一個傳統。首本華盟聯合著作《站在陽臺上的人》，彙集了十四位講師的成功智慧；第二本《夢想行者》，則是十五位講師的人生精彩閱歷；第三本《軟實力硬功夫》，由十五位講師貢獻他們人生的成功法則。

去年的「雲端影音系列」，展示出十位講師的專業工作內涵；今年出版的這本《平衡的力量：從生活智慧到職場體驗，成就夢想的六十個人生必修學分》，則是十二位華盟講師，以自己的經驗，告訴你幸福人生的真諦。

我們在日常生活中，縱然有某些事情被別人認為是成功，但在生活中，卻不可能處處得意，必然有得有失，總會遇到一些意料之外的障礙與挫折。所以，問題在於我們是否能在過程中自我調適。有人說：「在行動中領悟，在實踐中收穫」，可是當我們能從智慧者處吸取到睿智的經驗，則更能夠讓我們不必走更多的路，在不如意時能夠持續奮進。

本書規劃三大篇章，從「知己知彼，和諧雙贏」、「勇往直前，逆風高飛」到「幸福存摺，圓夢人生」，睿智的設計，將帶領我們一步一步地看到人生問題，並告知我們如何解決人生問題，最終讓我們學會在人生旅途中，如何優雅地擁抱自己，進而擁有平衡、幸福的人生。

何智明／中華華人講師聯盟第五屆理事長、經濟部中小企業處第一、二屆經營輔導專家

錢不是萬能，但沒有錢萬萬不能。財富很重要，但只有財富，人生還是有很多遺憾！有錢若沒有事業，可能是暴發戶或靠爸靠媽族，也不圓滿，因此追求人生平衡的力量就變成非常重要。

平衡的人生＝健康＋修養＋事業＋財富，華盟十二位老師將平衡人生的四大面向精闢剖析，相信讀者必能獲益良多，本人予以鄭重推薦。

吳政宏／群英企業管理顧問股份有限公司董事長、中華華人講師聯盟第三屆理事長

跟什麼人在一起，決定一個人趨向愉悅或悔恨；看怎麼樣的書籍，決定一個人理性或煩亂。有緣閱讀這一本《平衡的力量》，由十二位華盟明師執

筆，傾訴各自用真誠、愛心、義行所累積的寶貴經驗，可以讓讀者看見通往成功的道路。

在書中看到有感觸的地方，請停下來回想自己是否曾經做過類似的情況，細細品味勝過快速讀完。畢竟做到，才是真正得到的智慧；華盟張淡生創會長的名言「學到是知識，做到才是智慧」！

林齊國／典華幸福機構創辦人、台中 LIN Hotel 學習長

宇宙間萬事萬物，過與不及都無法達到圓滿，本書十二位講師從不同的觀點出發，與我們分享「平衡的力量」；本書介紹寫到，活到老、學到老，齊國更進一步認為「學到老才能活到老，活得更精彩」，期許我們透過「學習的力量」，來獲得「平衡的力量」。

張淡生／南山人壽保險公司處經理、中華華人講師聯盟創會長

中華華人講師聯盟今年的新書《平衡的力量》，是由一群華盟優秀的老師聯合創作，書中詮釋出如何樂活人生且精彩活出生命的意義與價值！

《平衡的力量》一書……

它充滿了豐富整合力，它深耕了很多的議題，
它從想法方法到做法，人人能夠覺察到覺醒，
找尋遞增喜樂的感覺，活在當下放鬆就輕鬆，
就會擁有飄逸的境界，進而到平衡式的人生！
願此書能夠幫助有心追求探索平衡的力量朋友，只要……
心中無缺就是富，被人需要就是貴，
願《平衡的力量》一書能帶給我們又富且貴的人生！

梁修崑／中華民國台灣中功率廣播電台協會理事長、中華華人講師聯盟第四屆理事長

華盟十二位作者的六十堂必修學分不只是職場體驗，更是生活智慧，是作者自身實際的生活驗證。或許有失落、也有歡笑，作者將最寶貴的生活體驗奉獻給讀者，或許要提醒讀者在追求名利之際、面對挑戰之時，應首要如何獲取自身平衡，才能可長可久。必修學分不單是生活的路引，更是生命的藏真；期待能給讀者蓄積能量的契機，等待展翅！

陳亦純／台大保險經紀人股份有限公司董事長、台北市生命傳愛人文發展協會理事長

《人生之幸！》

你遇到某些人，他驚醒你的思維，改變你的習慣，增添光彩在你的未來，他是你的貴人。這是生命中最幸運的事！

你遇到一群人，他們點燃你的激情，覺醒你的願景，支持你的理念，稱之為團隊。這是生命中最幸福的事！

你知道你要甚麼，你會努力去達成，你樂在其中，你勇於承擔，這是事業。這是生命中最快意的事！

你遇到一件事，它喚醒你的責任，賦予你使命，成就你夢想，你的成就和大眾分享，這是志業。這是生命中最慶幸的事！

理念可以受到支持和闡揚，這是生命最大的肯定！

在華人講師聯盟新書《平衡的力量》中，我看到諸位老師在生命中的功課和修行，大家努力地把高能量的思維傳送給社會大眾，這是讓人敬佩的行動，特此推薦，希望大眾因此書得到覺醒！

前言

平衡力量帶來幸福人生

尚明／中華華人講師聯盟祕書長

對於一個民間社團來說，能夠持續寫書、出書，不僅令人歡喜，背後更值得驕傲的是，十二位優秀講師們在這段時間殫精竭慮付出的心血，終於有了各界殷殷期盼的結晶——《平衡的力量》付梓問世。

《平衡的力量》是中華華人講師聯盟著作系列第四本新書，華盟平均每兩年會召集一群優秀講師聯合出版。兩年前，我們在會內先針對「哪些主題對讀者有幫助」來激盪發想，「平衡」是我們逐步理出書籍的方向，為什麼？

還記得過年前小年夜清晨一場規模六點四的美濃地震，造成府城台南的嚴重災害，這個年，全台灣的民眾都不好過；再往前推半個月，史上最強寒流來襲，台灣西部很多地方下起雪霰，大家又驚又喜，但也擔憂：是不是大自然失衡了？自然只要一個小小的力量，就可以讓我們的生活乃至生命受到極大震盪。

大自然是否失衡，我們尚難定論。回到人的社會裡，我們發現，就在大家汲汲營營追求成功之際，往往陷入了瘋狂、痴迷甚至嚴重失衡的地步。很多人努力追求事業上的成功，卻在過程當中失去與家人的親密連結與健康。數十年後，驀然回首，妻離子散，只剩下痛風與高血壓不離不棄，雖然坐擁豪宅與龐大事業體，卻是一切如捕風，回首一場空！

我們不希望所有追求成功的人士，等到事業有成、夢醒時分，才發現殘酷的真相。這彷彿像一場大地震，讓你的一切被震碎，也敲醒了你的黃粱夢。

然而，我們並非要大家就此放下一切、不用再努力，而是希望在力拚事業高峰的路上，我們都能隨時保有一種動態的、彈性的空間，隨時隨地靜下心，檢視自己是否在努力過程中是幸福的？若你和你的心已經背離，再怎麼成功，都會是白忙一場，因此無論如何，都請開始調整自己。

我們希望能為讀者帶來實質效果，這是華盟不斷規劃出書的初衷。我們盼望讀者看完一本書之後，不只停留在一個觀點，而是能針對同一主題分別就不同角度來探討，因此華盟出書模式也一直有別於坊間個人專書規劃，就是希望讀者帶回去的是豐富的經典，讀完本書，就像完成了大學的六十個學分那般扎實。

為了維護出書的品質，華盟都採取高標篩選作者群，因此要成為叢書中的作者之一，必須符合「做到、做到、真的做到！」因為從人生層面來看，「實踐才是檢驗真理的唯一標準」，我們相信，如果來自各領域的講師們可以做得到，你應該能做到！

透過本書十二位作者，他們從人生風雨中歷練萃取出來的六十個學分，不論是談自我探索、職場選才、人際互動、健康之道或是理財之方、綜觀生涯規劃，這些都是扎扎實實的人生經驗，他們的智慧可以幫助你調整自己，真正擁有成功。我自己看完這本書的書稿後，都深深感覺到被注入了一股極為強烈的能量，像是喝了滴雞精那般濃郁，是喝十瓶雞精也比不上的效益。

本書作者群所舉的例子，都是真實發生的案例，無論是在作者的生活、工作周遭的小故事，哪個不寫實？哪個不實用？好機會、壞機會一直輪番發生，如果你準備好了，即使滿手壞牌，也能把手中的壞牌打出精彩牌局，立於不敗；如果只是在等待好的機會，即使一個好球飛向你的時候，也可能被其他突發狀況所攔截！多少成功的人士，是運用這些軟實力，在壞的時機當中「逆轉勝」。

承認自己不好、不足，並不可恥，能夠自省、自律、自我提升的人，才有平衡的生命節奏，進而有資格擁有幸福人生。

CONTENTS

目錄

第一篇 知己知彼，和諧雙贏

每一個人都有獨到之處，要花時間跟自己相處與對話，透過別人的眼睛，才能更加了解自己；並期許自己成為別人生命中的魔術師，幫助他人看見未顯的天賦才能。

Chapter 5

認清定位，雙贏無輸家……098

第二篇

勇往直前，逆風高飛

生活豈能事事盡如人意？人生不免會有無奈、愁苦與悲傷，在面對逆境時，若能導入正向的力量，用「幽默」面對生活中的挫折和壓力，才是迎向陽光的積極態度。

Chapter 6

情緒非惡魔，你可以與之共舞……120

第三篇

幸福存摺，圓夢人生

人生本如夢，要學會看淡一切、珍惜此刻擁有的幸福；經常懷抱信心，相信希望就在前方。唯有時時反思自己，心才會安定，生活也會跟著安定，人生一定平安幸福。

第一篇

知己知彼，和諧雙贏

每一個人都有獨到之處，
要花時間跟自己相處與對話，
透過別人的眼睛，才能更加了解自己；
並期許自己成為別人生命中的魔術師，
幫助他人看見未顯的天賦才能。

Chapter 1

你的亮點在哪兒？

路是自己走出來的，當你邁開腳步，全世界都會為你讓路。

生涯魔術師—周鳳瑛

經濟學博士、國際生涯發展諮商師
領越TM領導力認證講師
龍華科技大學企管系專任助理教授
台灣企業教育培訓聯誼會執行長
教育部青年署大專校院生涯輔導講師
中華華人講師聯盟認證講師暨第六屆公益服務委員會主委

你要過一個什麼樣的人生？

我在大學教書十多年，最近幾年學校配合教育部積極推動輔導學生職涯規劃，讓我有機會取得國際生涯發展諮商師證照，諮商輔導個案的觸角可以從學校延伸到職場。不管是學生、初入職場的新鮮人、抑或考慮轉換跑道的職場老鳥，不論你想找什麼工作、換什麼領域，最後的關鍵都得回到自己身上：你要過一個什麼樣的人生？

你認識你自己嗎？你眼中看到的自己，和別人眼中的你，一致嗎？你是否已發揮真正的潛力？在規劃生涯發展、投資自己的過程中，你可曾利用成本與效益評估以取得你人生的平衡點？

很多大一新生一進校園，我問他們為何選讀企管？「分數填到哪兒就念哪兒」、「爸媽的建議」幾乎是多數學生的答案。面對選擇，他們似乎無奈地站在被動位置；當你希望他們主動提出自己的期許時，卻又用了很世俗的標準看待自己的夢想，怕吃虧、怕沒有用、怕不能落實。

發現自己的核心價值

我認識一位三十出頭的年輕人，家世背景不錯，自稱是「板橋連勝文」，聰明又會念書，一路讀到碩士班，堪稱人生勝利組，結果他並沒有從事文史學術相關領域工作，而是開了一家咖啡店，還經營得有聲有色。我與他談及生涯規劃時，他很遺憾地告訴我：「如果可以早點接觸生涯規劃與自我探索，就不會花了這麼多年念書。現在做自己真正喜歡的事，卻跟多年的學術研究一點關係都沒有。」

他三十歲前所面臨的困境，也是現在多數年輕人的問題。通常我們都會在符合家中長輩的期待下，能念多少就念多少，就這樣一路順遂地升學，你不會停下來仔細思索自己真正想要什麼。

究竟何時探索自己的潛能、規劃職涯最好？

這不是時間點的問題，也非關鍵所在。目前大學生對職場的認識，仍以想像居多，而我發現踏入社會工作的上班族，對於探索自我的動力與目標會比較明確，除非你是處於優渥的環境裡，不然一般來說，三十、四十、五十，都會面對不同的生涯瓶頸，轉業、失業、升遷無望等，可能都會讓你陷入低潮，開始思索：我的人生到底要怎麼過？

最根本的問題是，你的核心價值是什麼？進而能否將你自己的價值，轉換變成他人看重的價值。

讓別人看到你的價值與亮點

以交換名片為例，很多人一到新的社交場合，都會習慣掏出名片。所謂人脈，是要有人，還有脈加以串連，如果你換了名片卻少了串連，就算你有郭台銘的名片，也沒有意義，因為你跟郭董沒有連結；你以為你有的價值，對他來說不需要，那就是沒有意義。因此，你得找到你的伯樂、經營你的人脈，這不在於你認識多少人、參加多少社團，或者手中握有誰的名片，而是你這個人有沒有存在於對方的腦海裡；當對方記得你時，你這匹千里馬才會有舞台。至於如何讓對方記得你？這就要回到你身上，你如何讓別人看到自己的價值與亮點，這才是關鍵。

小學四年級以前的我，是個極不起眼的孩子，面貌普通、家境貧寒，沒有上台過，一直到四年級被新來的導師指定參加演講比賽。我當時非常訝異，怎麼會被老師選上？但老師只是淡淡地說：「我就知道妳行！」他是外省人，講話字正腔圓，每天放學後就幫我加強訓練，一個月後我去比賽，拿了有生以來第一個第一名，接著去參加鄉賽也奪冠，從那一刻起，我人生的某個開關好像被打開了一樣，念書考試開始無往不利，也一直覺得都有好老師在一旁協助。每每回想這一段轉折，我就會特別感念當時點亮我人生的小學老師何紀芳，是他讓我知道伯樂對千里馬的重要性。

因此，我期許自己也能成為別人生命中的魔術師伯樂，幫助他人看見自己未顯的天賦才能。我相信每個人都有獨到之處，但你一定要花時間跟自己相處與對話，透過別人的眼睛，才能更加了解自己。所以，人人都有機會成為你的伯樂，就看你準備好了沒。

學分1 你是誰？

自我探索，發現自己的天賦

現代人的重要休閒方式就是吃美食，美食餐廳一家一家地開，大家也都趨之若鶩。我常問學生：「你的興趣是什麼？」他們往往不加思索地回答：「吃美食。」若不仔細想，你可能也不會覺得有什麼問題；但我會接著問：「喜歡吃美食和興趣是吃美食，一樣嗎？」這時學生可能就會有點遲疑了。

什麼叫興趣？以美食為例，興趣是我喜歡研究如何讓食物更美味，而這種美味給予我的價值是什麼？你能釐清美食的意義才算是興趣。每個人都有自己的天賦，也許你在五感中特別重視口感，發覺自己的味蕾或嗅覺特別能辨別出各種食材與不同的滋味，這就是你的價值。當你能夠把自己的價值投注在喜歡的事情上，這就是興趣；一般人喜愛美食，只是滿足一時的口腹之慾或者消磨時間而已。

除了美食，服飾、彩妝、美容美甲，或者手機拍照、剪接影片，都是一樣的道理。你得認真面對自己：究竟只是喜歡上傳臉書分享休閒嗜好，還是真的想要鑽研自己的特質與興趣？

你想讓人家看到什麼？

DISC四型人格測驗是近年很流行的性向探索工具，企業可用來了解員工的潛力與特質所在，適才適用。然而測驗出來的結果，你怎麼看？你願不願接受？這才是關鍵。簡單來說，所謂DISC四型人格是「支配型」（Dominance）、「影響型」（Influence）、「穩健型」（Steadiness）、「分析型」（Compliance）的縮寫，每個人可能會兼具兩三種特質，但會有一種最為明顯，而這四型人格也會對應一種代表動物。第一型屬於天生領導，代表動物是老虎，善於領導控制支配；第二型是外放社交，代表動物是孔雀，適合登上舞台，擅長說服影響別人；第三型是服從傾聽，以無尾熊為代表，個性穩健溫和，喜歡與人為善，屬於啦啦隊型的成員；第四型是貓頭鷹，特徵是深思熟慮，善於分析、邏輯強，屬於軍師幕僚型成員。

貓頭鷹型的人格喜歡實事求是，著重分析與證據，因此跟外放的孔雀就會有很大的對比，甚至產生衝突；喜歡支配的老虎與溫和的無尾熊，或許就能搭配得不錯，這是業界人資部門的應用模式。

從諮商輔導的角度，我們可以用來作自我察覺。當你做完這項測驗後，可以自我檢視：結果跟你看待的自己有落差嗎？如果有，表示你對自我認知不一致；你認為你是怎樣的人，外在表現出來的卻不是那樣，這時候就要好好重新思考：你究竟希望別人看到什麼樣的你（自我品牌形象）？就像前面舉出的「板橋連勝文」的例子，如果及早接受別人對他的社交能力肯定，覺察到自己擅長的是業務而非學術，就能提早創業，少走很多冤枉路。

學分2 你想成為誰？

若沒限制，你的夢想為何？

小時候，你曾希望長大後成為什麼樣的人？請在沒有任何限制的前提下，試著把你的夢想與期望圖像化、具體化地呈現出來。例如，你的夢想是成為一名歌手，你可以接著再去想：到底要成為流行歌手？搖滾歌手？或者從事獨立創作？你希望自己在什麼地方演唱？是大型演唱會？還是網路播出？或者上電視通告？還是自己拍MV上傳網路？

如果你想成為作家，你覺得怎樣才算一位作家？是辦簽書會，或坐擁書城、享受書海？如果你想創業、想賺大錢，都要用你創業或賺大錢的模樣來想像，不要用條件設想，而是要讓腦子浮現畫面、甚至有點劇情，這會有助於你盡可能把夢想具體化，讓你逐步走向夢想之路。

如果你真的很難想像，那就回溯一下年輕時崇拜過哪些偶像？或者欣賞哪些人？那些偶像的特質是什麼？令你欣賞的地方是什麼？這些偶像可以反映出你希望自己成為什麼樣的人。有人非常欣賞鴻海集團董事長郭台銘，覺得當一個領導者就是要有魄力、無畏眾人眼光；有人欣賞嚴長壽，認為他謙遜有禮、富人文素養；也有人喜歡馬雲、戴勝益……等。因此，當你想為自己定位時，不妨借用你欣賞的人來找到自己想要的定位點，並站在這個基礎上發光發亮。

六十秒練習自我介紹

如果給你六十秒，你會如何介紹自己？我在工作坊帶領學員時，破冰時會讓他們先做這個遊戲，重點在於認識彼此。但是，在職場上，如果你還是從祖宗八代歷史一一講起，那機會勢必與你擦肩而過。精確的六十秒業務性自我介紹，一來可以呈現你對自己角色的認知，讓他人知道你在職場上的位置、你從事的行業、提供的產品與服務，最重要的是你能提供給對方的價值是什麼？你的價值是存在對方的心上，而非掛在自己的嘴巴上。

此外，你的裝扮、口條、利用什麼樣的平台與口號，不僅能讓人快速對你有印象，也可以看出你的人生目標與使命。例如，我期待自己不只是當老師，我也希望可以協助別人在看到真實的自己之後，能夠變成他所希望的那樣，就好像魔術師可以協助一個人重塑他的職場人生。因此，我會在六十秒的自我介紹裡，提到我的專業背景（國際生涯發展諮商師）、打出口號（成就人生找鳳姐，疑難雜症都有解）、專長與興趣（菁英培訓與助人），並再次強調「你的生涯與職涯就是我發揮魔術的地方」，藉此表現我的核心價值。

你的六十秒，會怎樣介紹自己？

學分3

職涯如何定錨？

在進行創業輔導的過程中，我們最常用獲利的商業模式（business model）九宮格協助學員做好創業的成本與效益的評估。同樣地，對於人生大業，在定錨前你可參照圖示（左頁上），依序進行職涯規劃，有系統地探究你的大夢、你希望的未來，最重要的是了解你獲利的基礎在哪兒？

這份九宮格圖的操作，開頭從「目標客戶」的定義，接續是客戶所重視的價值，同時也是創業者的價值主張，這點迥異於傳統的生產製造營運模式，它代表的是以顧客為目標導向的商業模式，應用在個人生涯規劃時就是定義你的人生使命與願景。透過九宮格的商業模式圖，你可以抽絲剝繭地思索人生的意義與成就，隨時與自己對話，並且持續追蹤與更新。

以下特別說明幾個概念。

收入與利益（成就感與價值）：可以是有形的金錢、市場、數據，也可以是無形的感受，延伸性的效益。

成本支出（投資與付出）：也有有形與無形的分別，時間與心力是無形的，姓名：　　　　　　　　　　江湖名號：

<table>
<tr><td>❽
誰能協助我
（關鍵伙伴）</td><td>❼
我要做什麼
（關鍵活動）</td><td rowspan="2">❷
我如何
幫助他人
（提供價值）</td><td>❹
如何與
對方互動
（顧客關係）</td><td>❶
我能幫助誰
（目標客戶）</td></tr>
<tr><td></td><td>❻
我是誰
我擁有什麼
（關鍵資源）</td><td>❸
如何宣傳
自己與服務
（通路）</td><td></td></tr>
<tr><td colspan="2">❾
我要付出什麼
（成本支出）</td><td colspan="3">❺
我能獲得什麼
（收入與利益）</td></tr>
</table>

金錢則是有形的。

兩邊評估後，成本與效益何者為大？面對結果，一般人通常會有兩種反應：當效益大於成本，則有加持的作用，應當加快腳步邁進，但通常這種情況很少；絕大部分都是成本大於效益，旁邊的人就會勸你這不值得付出，直接放棄，免得白花心力，得不償失。如果你在利用這套工具也是到這裡為止的話，那你就真的是白白浪費時間了。正面積極的做法有二：首先，重新評估你的目標客戶、重新設定客戶群，了解你付出的對象，他們所在意的價值是什麼？也就是，重新思索你存在的意義，並提升你的核心價值。再來是從成本面思考，充分檢視你的資源籌碼，哪些可以借力使力？哪些可以形成策略夥伴？記住，單槍匹馬打天下的時代已經過去了，「羊毛出在狗身上，豬來買單！」徹底顛覆你商業營運思維的互聯網時代，讓利與共好才是王道。

學分4　機會留給準備好的人

你的舞台在哪兒？

我很欣賞已故畫家劉其偉，他一直都在做自己喜歡的事。劉其偉原本主修電機，也當工程師，三十八歲開始拿畫筆，有畫壇老頑童之稱，其經典代表作是一隻全身通紅、背漆黑羽的婆憂鳥，題為「薄暮的呼聲」。後來因為對人類與世界文化都有非常豐沛的熱情，於是走訪世界各地，尤其是原始部落，並用繪畫呈現所見所聞所感，一路下來也成了自然保育專家。電機博士、自然保育專家、畫家，這三個看似不相干的角色，卻都在劉其偉身上融合得很出色，也成為一代經典人物。

從劉其偉的例子，我想問你：你的舞台在哪兒？

英雄造時勢，有才華就有舞台

這個學分開宗明義點出「機會是留給準備好的人」，但我現在要更進一步告訴你：以前是時勢造英雄，你只要鎖定一個領域鑽研，等到時勢崛起（機會來了），你可以迎上變成英雄，戲棚下待久了，舞台就是你的；但未來不一樣，是英雄造時勢，只要你有才華，能充分發揮特長，你就能創造出自己的舞台，你就是英雄。前提是：你要知道自己的舞台在哪兒。

大衛．托利（David Tolley）是美國著名的鋼琴師與作曲家。一九八五年，當他還默默無名時，有一次他穿著牛仔褲、T恤、夾腳拖參加熱門脫口秀「今夜秀」（*The Tonight Show*），當時場面大約有萬人以上。當天節目邀請的古典鋼琴家霍雷肖（Horacio Gutiérrez）手指不小心被夾傷，沒辦法表演。主持人隨即問現場觀眾，有沒有人想上台露一手？大衛舉了手，但被鏡頭忽略掉，是旁邊觀眾一再鼓譟「這裡有個勇氣可嘉的小夥子！」最後他才有機會上台。大衛上台時還被主持人調侃「穿得很不正式」，不過他也順勢模擬穿著燕尾服時應有的禮儀動作取悅大家；當大衛雙手落到琴鍵上，歌舞劇《貓》的主題曲流暢地傾洩而出，全場為之屏息，豎起耳朵聽完後還不斷安可。原來，大衛早已經準備多時，就等這一刻；從那天後，大衛的人生有了一百八十度大轉變。

千里馬主動找伯樂

贏得世界麵包金牌、眾人熟知的麵包大師吳寶春，雖然一開始因為家境貧困踏入烘焙業，過程可說是誤打誤撞，但他身上有一個非常珍貴的特質，那就是態度認真。

吳寶春是邊做邊培養興趣，再加上他對自己的期許很高，不會以停留原地、謀求溫飽就滿足，所以才會有後續的參賽、獲獎，甚至開始經營麵包店，並從中發現自己在管理上的不足，進而選擇出國深造充電；這時，新加坡老師就成了他的伯樂。

路，是自己走出來的

「倒立先生」黃明正二〇一〇年用倒立方式環台，在各地留影，用另一種視角紀錄台灣的美好。在這過程中，黃明正發現台灣人都變得不快樂了，「為什麼？」帶著這份困惑，他開始想為這片土地做點什麼，於是有了倒立環台、行銷台灣的點子。倒立先生因此打響國際，還計劃未來三十年要用雜耍技術、倒立行為藝術探索世界。

坦白說，一開始我聽到「倒立先生」時，以為只是年輕人的搞怪手法而已，後來在他的一場演講裡，我才深深被感動，從此對他另眼相看。換成是你，有跟黃明正一樣的勇氣嗎？還是一想到自己的夢想，就自我懷疑誰會給你贊助而打退堂鼓？黃明正為了爭取企業贊助，先去西門町當街頭藝人，上網分享，讓更多人認識他；當然同時他也不斷思考，如何找到資源、運用資源，並締造出我們現在看到的奇蹟。

或許最初「倒立」這件事只是源自於一股勇氣與點子創意，黃明正也沒想到要當台灣親善大使，是跨出去以後才發覺自己可以做更多事，因此大大開拓了他的人生視野。他的倒立之路再次驗證：路，真的是要自己走出來的。

學分5

「要五毛、給一塊」的人脈經營術

二〇一五年我跟一群講師到青島參加兩岸培訓菁英年度大會，當時每個人都有分工，我分配到攝影，負責紀錄四天的行程，當中有兩天，我們的理事長要上台演講，也是紀錄重點之一。到了演講前一晚，影片內容出了些問題需要調整，但原作者未隨行，一時也找不到人幫忙剪輯，當大家都急得像熱鍋上的螞蟻時，我自告奮勇上陣；用我隨身攜帶的筆電，內裝有剪輯軟體，當晚很快就搞定狀況。這當中你有沒有注意到：不只是我會不會剪接而已，當時筆電是否已安裝剪輯軟體也是關鍵。這是我自備的行動辦公室與工作態度：永遠想得比老闆要多！

能被小用，才是大才

這幾年在學校上課都有大量影片需求，多數老師都委託助教，我則是自己動手學做影片，不假手他人，因為我覺得剪接很有意思，而且多學一項技術也不是壞事，我並沒預期會在這種時候派上用場，但就是用上了，所以，我不計代價學習並付出，自然就能準備好接受各種機會。

媒體輿論常常討論社會新鮮人的起薪太低，有人認為年輕人要多嘗試，不要計較低薪；也有人認為年輕人被剝削，出現更多的是自認為大才被小用的抱怨。這種思考邏輯都是用對價關係看待付出與回饋，你怕多做吃虧，就一直保留自己的潛力；沒錯，你的確不會因此而吃虧，但是天賦才華就永遠安穩地保留在你身上，除了你自己，誰也看不到。如果一直用對價關係把自己當成消費品，你的價值是彰顯不出來的。究竟是不是大才，前提是你能不能被小用，這也是老爺大酒店的執行長沈方正先生所主張的「能被小用，才是大才」的重要理念。

展現才華，讓別人看到你的價值

當你有吃虧的感覺時，就是站在你自己的角度看事情，你覺得你投入多而獲得少；反之，別人幫你的多，你投入的少，你就是占便宜。如果從全方位的視野看，並沒有誰吃虧或占便宜，因為你投入某件事，之後的成果也是你受益，而在你投入時，也不會只有你在做，要能成就任何一件事，都要有其他人的協助，天時、地利、人和，不能認為都是自己的功勞。

如果延續大我的角度，我會告訴你：吃虧就是占便宜，別人要五毛，當你有能耐時，可以給一塊，這是讓你跳脫被消費的思維框架，當你可以更主動地展現自己的才華與能耐，別人也才有機會看到你的價值。

我曾經在一個風和日麗的周日早上，拜訪陽明山上的仙人掌園，在滿園千奇百怪的仙人掌盆栽中，我拍到一朵掛著晨露的淡紫紅色小花，雖然才十元硬幣大小，但是在我的鏡頭中，它美得讓人驚豔，賽過芙蓉薔薇！它只是一朵開在庭園小路旁石頭縫中的小花，但它沒有放棄可以向天地開展美麗身軀的機會，所以，它今天被我看見了！

花若盛開，蝴蝶自來；人若精彩，天自安排。

Chapter 2

教練是面明鏡，讓你看見自己

人人只需要啟動自主性就會找到生命的出口。只要有意願接近、展現正向能量，坦誠面對自己，然後跨出去，就是自我教練的開始。

生命教練—**楊世凡**

國立空中大學、東南科技大學、台北城市科技大學講師
台灣行動學習協會秘書長
中華適性教育發展協會理事
國際教練聯盟（ＩＣＦ）專業認證教練（ＡＣＣ）
中華華人講師聯盟認證講師暨出版編輯委員會副主委

好教練是心靈導師，可激發潛能

提到教練，很多人或許會聯想到運動場、棋藝的教練，可能也會想到電影中許多嚴厲的教練，使用各種心法激勵隊員與選手發揮最大潛能，以達到運動生涯的顛峰，進而贏得賽事、獲得成功；即使沒有成功，一名好的教練往往也能透過訓練帶給隊員許多心靈洗滌與啟示。不過，我在這一章要跟大家談的「教練」不是運動場上的角色，雖然都源於西方同一個字coach，但我要談的比較傾向mentor，以中文的意思來說，更貼近生活各層面，以及心靈或精神導師的概念，因此我個人覺得mentor在東方的文化底蘊下，更傾向西方教練coach的意涵。

教練學是一門新興的領域，約自二〇〇二年起從歐美開始蓬勃發展，這幾年才逐漸在台灣形成一套完整體系，有國際教練機構授課並認證教練資格。教練有一對一的陪伴，也有一對多的團隊教練形式，包括美國總統卡特以降等歷任美國總統在內的世界重量級領袖，都有聘僱私人教練。

如果教練類似導師，我們已經有了顧問、諮商師、心理治療師甚至社工師，這些職業不僅專業，也經過認證，為何還會有教練這行業？或者社會（個人與企業、政府與非營利組織等）為何還會需要教練？

透過探索、反思、釐清以解決問題

舉例來說，假設你正面臨「是否要轉業、要不要跳槽」的困惑糾結中，如果你找顧問或者獵才公司，他們會問你有什麼專業技能與專長？你想從事什麼工作？如果你找諮商師或者心理醫師，他們會傾向認為有個過去的病灶，試圖幫你釐清過去的陰暗面，透過回溯以找尋未來方向；實際上，你可能只是一時困惑或者遇到瓶頸，所以教練提供的是一種「透過探索、反思、釐清、再釐清來認識自我，以達到解決問題」的方式。

例如，當你有轉職困惑，教練會用開放式、而非封閉性的問題，讓你（客戶）慢慢衡量目前工作與未來的可能性，不論換不換工作，都可以評估出各自的特色需求與可能性。教練不斷提問、客戶不斷思考與回答，透過這樣的過程，客戶會逐步釐清自己真正的想法與需求，最後由客戶自己下決定、做計畫、安排時程表，教練會從旁給他一些能量提升的方式，引導他逐步邁向目標。

教練陪伴你的方式也跟老師、父母、律師、記者、法官不同，他不檢視詢問你的過去，即使偶爾提及過去，也會鎖定是難忘的「高峰經驗」，目的是要透過觸及這段美好的過去，以啟發更好的未來。教練有一個根本的信念，就是相信客戶可以解決自己的問題，但客戶也要信任教練，做出良好回應，這是建基於雙方的信任。

被《時代》雜誌譽為「人類潛能導師」的史蒂芬・柯維（Stephen Covey），他撰寫的《與成功有約：高效能人士的七個習慣》至今已出版二十五年，這本書不僅暢銷且長銷，是教練學的經典之一，也被企業領導者與中高階主管廣泛運用。柯維提出的領導力、時間管理、效能、成功，甚至愛與家庭的關係，不僅成為教練學側重的面向，也由此發展出兩種不同的教練學方向，一個是往績效教練、領導力教練、高階主管教練、管理教練發展；另一個則走向生命教練、關係教練、親子教練、心靈教練。

挖掘人們潛在特質，加以發揮

不論哪一種路線，教練的本質都是一面明鏡，充分反映客戶當下的狀態，但也要視客戶能否接受，如果客戶的信任感足夠，那麼教練也會從陪伴者成為共舞者。客戶慢、教練就慢，客戶快、教練就快；客戶進、教練退，客戶退、教練進。透過這種方式，客戶可以從自己的內心尋找動力源，因此，教練學可視為是一種正向心理學。

正向心理學所談的領導力跟一般領導力強調的當機立斷、果斷、明快不一樣，正向心理學注重品格上的正向素質，包括仁慈、慷慨、準時、誠實等；而傾聽、耐心、宏觀思考等人格特質也是領導力的一部分，因此，教練與客戶間的關係，不再只是表面的激勵而已，而是要挖掘並誘發客戶本身具有的潛在特質，並加以發揮。在教練的眼裡，無須涉入、指導、評判或者質疑，人人只需啟動自主性就會找到生命的出口。

學分6 教練能為你做什麼？

以「專注傾聽、有力提問、視覺化聯想」提升正向能量

一般教練剛出道時，會選擇兩、三個領域鑽研發揮，也許是績效教練、領導力教練、高階主管教練、管理教練，也有可能是生命教練、關係教練、親子教練、心靈教練等。找教練就像在找律師，你可以根據自己的需求決定找尋哪一類的專業律師協助，因此，你也要看自己的問題是什麼來決定需要哪一種風格的教練。

客戶可能是出於家庭、親子、婚姻、工作或生命議題等問題找教練會談，身為一名教練，不管客戶說什麼，除了殺人放火這種是非分明的事情之外，教練會先全盤接納眼前客戶所有的情緒與想法，接著使用專業方式鼓舞客戶，讓客戶產生動力、提升正向能量，朝著他想去的方向。所謂專業的鼓舞方式包括三個層次：專注地傾聽、有力的提問、視覺化的聯想；運用客戶擅長的學習方式，促其實現自己的目標。

提煉客戶所思、所見、所言，實現目標

教練不像一般朋友只是聆聽而已，而是積極陪伴與專注傾聽，從中提煉客戶的所思、所見、所言，並進一步向他提問或回饋自己的觀察，這過程是教練跟客戶之間的修煉與修心。

當教練在傾聽時能發現絃外之音，就可進行有力的提問。例如，客戶一直說要減重，聽起來是減重的問題，但他真正的問題可能是有心儀對象，而那人卻喜歡身材苗條的人，客戶想要表達的是這件事，而非減重。這時，我會問他：真正減重的動機是什麼？對方心儀的人是何種身材的人？也許對方並不這麼想，而是客戶投射自己的不足。

至於視覺化的想像，假設目前你正為膝傷所苦，不能再像過去健步如飛，你很懊惱，那麼，我會請你想像五年後的你已經跟膝蓋成了好朋友，慢慢跑上山頂，欣賞著夕陽。請你描述那是什麼樣的畫面？你可能會說有大樹、有涼亭，你在涼亭坐下來享受吹風；又或者你想轉職，你想投入自己喜歡的烘焙領域，那我會請你想像：五年後的你開了一家麵包店，請描述你會怎麼度過一天？幾

點要開店？幾點要採買？何時進貨補貨？……你要做哪些事，都請你毫無限制地想像。

充分發揮想像力後，接下來，就可進一步提出計畫、時程來落實。教練完全接納客戶，不受任何規範限制；不過，教練也要判斷客戶的狀態，是否有身心方面的問題，比方嚴重失眠、焦慮躁鬱、厭食等，若有這些問題，就必須尋求心理醫師的專業協助，因為教練要面對的客戶，只是一時困惑於人生該向左或該向右的方向選擇。

問題一：為什麼都是別人升遷？
難道只因我個性正直，不會拍馬屁？

我們身邊都會有一些個性直率、不喜逢迎拍馬的人，這時我會協助客戶發掘他的優勢，如果說正直就是他與生俱來的優點，要如何透過與客戶之間的反思覺察，逐漸改善問題，使他的正直特長更受歡迎，這就是關係教練與客戶會談的重點。

以下，我扮演教練，請你當客戶，準備紙筆，我們試著來一場紙上會談：

你認為同事總是巴結上司，可以舉例嗎？

你也許會說，同事總是幫上司買早餐。

我會接著問：但這很嚴重嗎？如果他也請你吃早餐，你會丟掉、拒絕，還是吃了？

你說，他一週買三次，很誇張！

那請問買幾次你可接受？兩週買一次還是一週買一次？

這些問題看似很好笑，但我要告訴你，在這一問一答的過程中，就是要不斷地把你糾結的情緒抽絲剝繭，逐步讓你看清問題核心，也許問到最後，你在意的是沒有加薪、沒有升等。透過一連串的提問與回答，你會開始思考（重塑觀點）：有這麼嚴重嗎？如果主管也幫你加薪二千元，你該怎麼回報主管的提拔（行動方案）？

我以你陳述的事實為基礎做有力的提問，這樣才能幫你重塑觀點。我不是要你如法炮製也買早餐給主管，而是要你思考買份早餐就叫巴結嗎？也許最後你會發現，那個人的能力的確比你強、比你積極、比你配合，讓你覺得受威脅。

接著，請你各列出三到五個形容詞，分別形容自己、主管與那位同事。請你看看列出的形容詞裡，有沒有你可以接受的優點？然後再請你替他打分數，一到十分之中，他的優點幾分？你的優點幾分？老闆幾分？

你覺得如何在不違背價值與標準下，效法學習他的優點？經由釐清問題、轉換觀點後，你會發現其實你跟同事之間沒那麼嚴重對立，這就是教練的目標，協助你轉換觀點、重塑觀點，關係就會慢慢調整。

問題二：我的工作為何永遠做不完？

這種例子很多，找教練求助的人也很多。為何大家會把工作指派給你？因為你能力好？還是個性溫和？因為他們都有家庭，而你單身？

你在正常上班時間的時候，工作流程是什麼，都做些什麼事？加班時，你做些什麼？當大家都走了，你又做些什麼？有沒有什麼方法可以協助你在正常上班時間的效率高一點？做事快一點？

這時也許你會發現，可能是自己動作太慢；你以為自己比較好欺負，不敢拒絕別人丟給你的工作，但背後是你害怕丟掉飯碗，所以照單全收。教練不會要把無尾熊的你扭轉成老虎，而是陪伴你逐步改善現況，關鍵在於你的心態能否轉變。

協助重塑觀點，改善家庭關係

客戶之所以會找教練談關係問題，都是為了改善一段他所重視的關係。例如，不少專心投入職場的中高階菁英，往往因此導致親子關係疏遠或夫妻關係不再和諧。

曾有企業主父子反目，彼此對立，許久不說話，身為老闆的父親於是求助教練，結果他把孩子丟給教練，要孩子直接跟教練談。當教練跟孩子接觸以後，孩子也有怨言，他抱怨父親無心聽他說話。最後教練把父子一起請來會談，三方面對面，透過有力的提問，讓父親了解兒子不是不努力，也讓兒子明白老爸並非那麼地嚴格。原本兩人間的緊張關係，讓公司員工都在看笑話，但經過教練先後與父子個別會談、最後三方一起暢談，並讓他們訂下改善目標與行動，不僅改善了親子關係，也使得他們的企業有共同目標，父子齊一心志為自家事業打拚。

至於夫妻間的親密關係，最常遇到的就是外遇問題。即使是外遇，教練也不會涉入道德評判，他依舊引導客戶自行釐清問題所在，並協助客戶重塑觀點，最後再採取行動。

以有力提問釐清問題，尋找目標且設立方案

我不會用封閉式的問題詢問客戶。何謂封閉式問題？例如，你覺得配偶與外遇，哪一個適合你？這就是封閉式問題；我會問：外遇與配偶帶給你哪些不同的感受？這就是開放式的提問。

接著我會再詢問：你打算和外遇維持怎樣的關係？你覺得他怎麼思考你們之間的關係？客戶也會因為我拋出的問題去思考：這段關係真是我想的那樣嗎？

我也會引導客戶用譬喻的方式思考：這個人對我究竟有什麼重要性？例如：他像我的太陽，或他像我生命的泉源。如果是太陽又是生命泉源，那我會再請客戶想想：他認為對方怎麼看他、看待這段關係？也用譬喻方式描述對方眼裡你跟他的關係。我會請客戶比照我對他的方式，回去跟外遇與配偶分別做這項小遊戲，寫下「你是我的什麼」，寫完可以分享，彼此都能知曉對方心中的自己是什麼模樣。

這是我給客戶的功課，請他在下次會談時告訴我。這個遊戲看似簡單，但如果夠誠實，對方心中的你，可能會跟你以為的很不一樣，可能會讓你更開心，也可能讓你陷入沮喪糾結，此時你就可以進一步思考：這段婚姻關係或者外遇是你想要的嗎？

教練透過有力的提問，像一面鏡子反映出客戶的思緒，有助於客戶釐清問題，找到目標並設立行動方案，也許最後會選擇與元配或外遇分手，但這也是客戶想清楚後所做的決定。

學分9

團隊教練與高效能領導

面對問題時，可請教練支持擬定計畫、處理危機

以目前台灣的發展來說，一般人在職場上遇到問題，比較願意一對一找教練會談，若企業主想要為高階主管培訓、培養接班團隊時，才會找教練進行一對多的會談，所以績效教練、領導力教練、高階主管教練會比較有人青睞；而生命教練、關係教練、親子教練、心靈教練等，多半透過企業內部的教育訓練課程來穿插安排。

通常企業即刻尋求外援，多半是面對重大問題或目標要達成時，例如，公司將制定重大計畫、企業再造、新事業體開發，或遇到勁敵可能搶走客戶，此時就需要危機處理，需要從外部請來教練擬定計畫、解決問題，同時培訓公司裡的內部教練，以後公司就能擁有初階教練隨時解決問題。

教練來會談時，是面對公司的整個團隊，這個團隊由最高主管指定的人來參與，每次會談標準時間是九十分鐘到兩個半小時，教練會找團隊中的一個人作為問題陳述者，由他報告團隊面對的問題是什麼，其他成員就腦力激盪貢獻意

見，教練提問，然後主述者整理大家的回應後回答，團隊教練視狀況而定，也會針對成員或領導者進行一對一會談。

【案例】

老闆說營業額要增加百分之二十，但目前的困境是市場競爭者眾、市場價格壓低，要達成目標很難，怎麼辦？

【解決方式】

若找顧問公司會診，一般會傾向要求團隊購買產品，或者增員以提升業績，「缺什麼補什麼」是顧問公司的邏輯。若公司無預算上限，這的確有助於解決問題；如果無法增加預算，就是教練能派上用場的時候，教練進駐公司，就是想辦法要在既有的資源下達成目標，別以為只是口頭上的激勵或者催眠提升正向能量，而是跟團隊之間不斷交互提問，一步一步找到方法，經過仔細討論與沙盤推演，如果結果只能讓營業額增加百分之十，也要具體告訴老闆，再由老闆決定是要接受這樣的目標或者增加投資。教練的方案會比顧問公司的診斷來得具體可行。

如果最後沒有達成目標，教練會和團隊討論困難在哪兒？如何能做得更好？還有什麼方法（資源）可用？教練拋出問題，讓成員去想，而且是所有人一起想，這不僅加強團隊凝聚力，而且會有神奇的力量出現；但這不是神祕學，而是人發揮潛能的正向力量。企業的高效能不只是勵志口號而已，是真的可以建立並增加信心。如果團隊資源都是公司配得好好的，團隊自發性際會降低，反之，自動自發的狀態，則會誘發高效能的領導力出現。

學分10 生命教練引領全方位提升

前面四個學分就職場關係、家庭關係與團隊效能，來了解教練如何為客戶進行自我鍛練，最後這一個學分，我想跟你分享的是，如果你還沒有準備找教練，你也可以從「教練自己」著手。自我教練的前提是：只要往正向或有意願展現正向能量，坦誠面對自己，就可以開始。所謂的正向能量，就是坦誠面對自己；走出去，就是一個開始。假設你現在的生活不如意，也不要因此一蹶不振，要學習面對事實、坦然接受。只要懂得轉換心境，做好翻身的準備，下一次崛起的機會來臨時，就能牢牢把握、順勢東山再起。

知名導演伍迪．艾倫（Woody Allen）說過，每個人都有站在舞台上的那十五分鐘，坦誠面對自己，從紛擾與挫折中找到平衡，這些不一定要花錢，惠而不費。對於任何事，永遠都抱持新的希望，同時也要經常自我教練。如果你想改善與人的關係，想一想，你能為這段關係貢獻什麼？而不是永遠都在渴求、等待、仰望別人。我可以做些什麼？我可以主動採取什麼作為？這種態度其實就很正向。

擬「平衡的力行書」，為自己設立目標

我提出三個方案讓你參考：一個月的力行書，一年後的今天，十年（或五年）後的自己。

什麼是一個月的力行書？我每天早上起床，先給自己十分鐘想想：我每天可以為自己做點什麼？或者睡前十分鐘，我可以為明天的自己承諾什麼？任何承諾都可以，不管是健康、關係、工作，還是學習。例如，我想學日文，我想每個月存二千元，我想開始運動，我希望今天工作能有所突破……，這些小小的目標就像存款，一點一滴存入無形存摺裡，以一個月為基礎。這些存款也可以是休閒的、放鬆的，不一定都是要宏大的目標，人生需要平衡，這本存摺就是「平衡的力行書」。

一年後的今天，則是一種視覺化的想像，「學分6」曾提到想像力。我可以想像一年後的今天最想做什麼事？或者那一天我想如何度過？比方，我一打開存摺就多了五萬元，我平常都喝價位兩位數的咖啡，這一天想喝價位三位數的咖啡，中午跟好友聚餐，晚上買小禮物送給家人；最後，深夜的時刻，我想留

給自己，為自己買本書靜靜閱讀，或者我學會新的運動，又或是每月定期定額存款，這一天正好可以捐給我喜愛的公益團體。

一年後的今天實現了，接下來是五年或者十年後的我，我希望在人生與工作上達到什麼樣的理想與成就？如果我們可幫自己定下五年或十年後的目標，就可以回推今天的我該怎麼做？

兼顧理想與現實，逐步實踐目標

你可以自己提問：從現在開始要做哪些準備？如何逐步實踐？實踐過程中，我想要和哪些人共同完成？可以是家人、朋友、同事或者夥伴。不論是一個月力行書、一年後的今天或五年後的自己，最好都能兼顧理想和現實。雖然我說想像力可以無邊無際，但是如果能不距離現實太遙遠，這樣實踐起來也比較不會因為落差而失望。

閱讀完這一章，若你可以得到一些啟發、找到生命的力量，在充滿高壓的生活中，不管在關係或職涯上找到平衡，這就是我的一點貢獻。人跟人之間能夠同理共情、共振共舞；雖然我是教練，但我也能從你的正向能量提升與目標達成中得到助人價值的喜悅回饋。

Chapter 3

女人當家的時代來了！

「一分柔情、二分優雅、三分浪漫、四分智慧」是女性領導者的特質。剛柔並濟是女性領導者的天賦，要善用這份柔情，而非否定她。

女性領導實踐家——許美志

願景國際教育股份有限公司董事長
台北市大衛營生活藝術協會創會理事長

剛柔並濟展現女力風範

坦白說，我覺得現在的女人真的幸福多了，可以自由在各領域展現自己。過去女人不僅公領域參與得少，連在家裡也少有機會發聲，比較認命也受到束縛，但現在我們擁有女性總統、女性企業家、女性領導者等，幾乎沒有什麼領域能限制女性的發展。

周美青是我很欣賞的另類「官夫人」。我想，對她來說，馬英九當總統後，她不會因為總統夫人的身分而改變自己。她依舊走在自己的軌道上，和還沒成為總統夫人之前的生活是一致的，因此她能自信自在地投入慈善工作，與民眾平起平坐，這是她展現柔的一面；而馬英九若有什麼不對之處，她也能率性表達，這是剛的一面。在周美青身上，我們可以看到女性剛與柔的充分展現。

至於蔡英文也是剛柔並濟的另一個典範。我欣賞她的地方是修養好，她的魅力不是權財堆砌出來的，是才智的內涵，尤其她的「淡定」不是表面偽裝，而是閱歷的沉澱。從上次大選失敗後，蔡英文花更多時間蹲低學習，她讓自己蟄伏在鎂光燈外默默耕耘，這種行事風格跟多數男性政治人物截然不同，許多落選的政治人物害怕被民眾遺忘，三不五時都會露臉批評一下現任者，這在蔡英文身上看不到，她用女人的韌性和柔軟重新站起來；而面對黨內大老的抨擊與內訌，或者是外界的質疑聲浪，她也總是不疾不徐地表達自己的立場。如果她不理性、不堅定，怎能禁得起這些風風雨雨？

此外，我也很欽佩證嚴法師。證嚴年輕時，身邊就只有幾個人跟著；然而現在慈濟已經是擴及全世界的龐大團隊。證嚴究竟如何從無到有？她是如何做到的？雖然她身型瘦小，但內在力量是很強大的，才會有遍布政商名流的信徒。如果我用世俗的眼光來看，台灣幾個宗教山頭，從法鼓山、佛光山、中台禪寺或者天主教等，只有證嚴是唯一的女性。這奇蹟似的女力，不強嗎？

身為女性，要勇敢做自己，累積成就

在我的年代，大環境對女性的限制很多，但我很感謝我有開明的父母親，得以展現我的陽剛面。父親的家族是桃園仕紳，父祖輩則是地方有力人士，我父母對我有很高的期許，他們希望我有高學歷，但我中學時罹患盲腸炎，後來併發腹膜炎而開刀，之後幾年常常進出醫院，別說上學了，連一條小命都不斷與死神擦身而過。當時休學好一陣子，我覺得功課已經趕不上了，所以斷斷續續完成學業後就不想再讀書了。

我雖然不想升學，但也沒想這麼早結婚。在我住院期間，照顧我的護士對我產生很大的影響，當時我就立下志願，等到恢復健康以後，我要當一名護士，用一樣的愛心照顧其他病患；另一方面，雖然父親家族頗有名望，但我一心只想到台北闖闖。

想當護士的心願再加上對台北的期待，可以說為我這一生定了基調。當時我背著父母來到台北的診所工作，才認識我的丈夫。

婚後前幾年，丈夫和我以及他的兄嫂一起經營家業，後來我們決定自己出來經營事業，跌跌撞撞好幾年，直到民國六十一年，我們在重慶北路經營門市部，後轉移至忠孝東路做內外銷，生意蒸蒸日上，於民國七十年搬遷到金山南路與濟南路口開了三層樓的店面「美城燈飾」，擁有當時台北市買賣燈飾最大的店面。

後來舉家移民美國，店面委託親友照顧，結果卻遭背信，把我們最得意的幾位助手與客戶都挖走，我們的生意從那時起就一落千丈，灰心的是對人性的不信任，我才往心靈成長方向不斷地探索真理、認識自己、了解別人。後來我和先生在非常傷感的心情下，決定轉換軌道，結束了三十多年的燈飾業。也許是上天有意安排，讓我認識了一位加拿大心理學家、國際領導訓練大師克里斯多福・孟（Christopher Moon），我們有共同的理念及使命，在台灣合作創立「願景國際教育訓練中心」共八年，在這期間，我也創立了兩個公益社團，服務社會並舉辦心靈成長課程。

這一路走來，經歷不少大風大浪，也飽嘗人性冷暖。後來我慢慢透過心靈課程的學習，才逐漸明白，身為一名女性，我所擁有的能量其實遠遠超過我所知道的。特別在現代社會中，女人都能站出來領導這個社會，我覺得這的確是女人們一步一步累積出來的成就。我相信，女力注入社會，絕對會有很不一樣的氛圍。不過，我更好奇，現代的年輕新女性，你們是否已經準備好，踏上這列車了？

學分11

領導力，先從領導自己開始

發掘屬於你的領導力

曾有位博士如此解釋領導力：「領導就是要從他們所在的地方，帶領他們到達還沒有去過的地方。」這番話傳達出一種決斷與冒險的能力。很多人認為領導力是與生俱來的，有人從小就一路當班長；有人卻一直是角落裡不起眼的人。但我覺得每個人都擁有這份特質，只是你有沒有挖掘出來發揮而已。那麼你應該如何培養自己的領導力？你得先為自己建立目標，待達成之後即可自我獎勵。

我十五歲時罹患盲腸炎，後來併發腹膜炎，由於太晚開刀導致性命垂危。我父親一直懇求醫生，在醫護人員全力救治下，才撿回我這條小命，之後三年，我又動了好幾次刀，每次都跟死神擦身而過。手術後，有位護士對我的照顧無微不至，她總是很溫柔地幫我沐浴、洗頭，當時我就在想，等我病體痊癒以後，一定要當護士幫助更多人，以回饋當年照顧我的護士，這是我人生的第一個目標。

我第二個目標是離家到台北工作，因此在我十九歲那年，我就隻身來到台北的診所擔任護士，雖然當時很想家，幾乎天天以淚洗面，但那次離家卻是我人生很重要的轉折。人生目標跟領導力有什麼關係？當你為自己建立目標後，就可以進一步監督自己，不斷地與內心對話，進而養成積極思考的習慣，為自己落實或者修正人生和工作的目標。

以我當時的年紀來說，女人多半是接受長輩安排，早早便嫁做人婦、當起賢妻良母，我如果當時沒有為自己立下擔任護士和離家奮鬥的目標，我的人生就會走到另一個方向，不僅無法和我的丈夫相識，也不用談創業與女性領導。所以，建立目標、管理人生，不僅是領導力的展現，也是領導力的重要基礎。唯有先將自己帶領好，才可能成為別人的領導者。

領導者的條件：積極、熱情、革新、有計畫

想成為一名領導者，你得為自己培養幾個條件。首先，領導者必須積極，不積極等於浪費時間；其次，領導者的表達也要明確、對工作懷抱熱情、肩負革新精神；最後，領導者要制定有效計畫，成為夥伴學習的榜樣。

從自己出發培養領導力，由領導力也會延伸出一種特殊的人際關係。在組織中，每個人都會影響他人，同時也會受到他人影響，不論透過信仰、知識、技能、生活經驗或把他人當典範，我相信每個人都具有潛在的領導力，可以被激發出來，並藉此樹立自己的信心與責任感，建立每個人獨有的精神形象。所謂成功的領導者，是可以透過開發潛力獲得的，而非天生注定。

學分12 女力特質：一分柔情、二分優雅、三分浪漫、四分智慧

做人的藝術VS.做事的態度

領導者必須具有獨特的個人特質，也就是所謂的領導者魅力。有些人很容易在群體中跳出來，也特別具有號召力，經常扮演領頭羊的角色。領導者的決策風格和人格特質有關，也是價值觀與行為模式融會的結果。前一個學分提到，領導力會衍生特別的人際關係，這攸關領導者做人的藝術與做事的態度。

我認為，不管領導者的個人特質為何，一個人要培養領導力的首要條件就是必須公平、公正、誠實，並顧及他人感受，因為你會面對的絕不是一、兩人的小團體，如果讓你帶領數十人乃至上百人的組織，你的言行就是很重要的指標，如果你能展現良好的品格，並且以身作則，就像父母對孩子的身教一樣，領導者的言行對團隊的士氣影響也很大。如果你能先認識自己、了解自己的個性，進而掌握自己的決策風格，這將有助於避免產生盲點。

每個人心中都有自己的主觀世界，這份主觀是從過去累積到現在而建構出來的，當你與他人意見不同時，這並不存在對錯的問題，而是立場不同、視野

不同，其可貴之處在於每個人絕對都是獨一無二的，若我們能夠覺察這份差異性，同時能覺察到自己的優缺點，就可以透過自我教育不斷修正。

雖然我認為每個人都有潛藏的領導力，但是領袖魅力可不是簡簡單單就能培養起來的。過去男女的地位比較不平等，公領域上的領袖魅力可能比較單一，尤其格外重視陽剛特質。這幾十年來女性可以走出家庭，在各領域中嶄露頭角，也漸漸改變了領袖的特質，在陽剛味之中加入了些陰柔的面向。

女人當家！軟實力出頭！

我認為女性領導者應該展現出與男性截然不同的特質。例如同理心，男性強調就事論事，而女性比較容易站在對方立場看事情，但過去這份同理心可能被視為是負面的，現在卻是人際間的緩衝。這些年不有人說，如果女人當家治國，世界或許會少一些戰爭？這代表女人的軟實力終於被正面肯定了。

「一分柔情、二分優雅、三分浪漫、四分智慧」是女性領導者可以建立的領袖特質。柔情，來自愛與善解人意，剛柔並濟是女性領導者的天賦特長，要善用這份柔情，而非加以否定；優雅則來自從容與自信，一個不夠自信的女人，不可能在行為間流露出優雅的特質，你看奧黛麗・赫本（Audrey Hepburn），不就是一個優雅自信的典範？浪漫，是純真熱忱與骨子裡萬種風情的結合，講到浪漫，看似和領導無關，但卻是可以發揮無限創造力的源泉；最後，智慧則是來自對美好生活不懈地追求。

學分13

如何加速你的領導力發展？

以下針對如何加速你的領導力發展，提出幾個方式：

善用自己的領導潛能

你可以先問自己下列幾個問題，思考後再寫下來。

我是誰？我是個什麼樣的人？我的專長和能力有哪些？我的優缺點是什麼？我的興趣是？我重視的生涯信念？我的夢想是什麼？

之所以要你思考並回答這些問題，是為了讓你明白，你是如何陳述自己的樣貌，來提醒你要不斷回頭檢視自己。雖然我們常說江山易改，本性難移，本性是你個人的特質，但江山的部分則會隨時間而變動。比方說，一個人剛出社會時的夢想，與工作幾年後的夢想也許會略有不同，甚至完全轉變；而你對生涯的信念，過去與現在也可能會有差異。不斷透過這種方式自問自答，可以讓你一直保持在認識自己的狀態，做好這種個人特質探索的基本功夫後，你就不難找到適合自己的位置，成為優秀的領導者。

重塑自我，找到生命力

當你待在一個領域、團體或者組織愈久，愈容易因為經驗累積而變成老鳥。自我經驗常常是兩面刃，好的時候，能幫助你有效解決問題；不好的是，你可能因此陷入了某種定見。在此，我要提醒你，不論你多麼熟悉眼前的一切，都請先試著放空自己，讓自己的腦袋歸零，就算事情一樣，但你要帶領的人是不同的，歸零有助於拉近你與部屬之間的距離。

我們常常會聽到職場老人說：「想當初我怎麼怎麼處理……」其實沒有人愛聽這種倚老賣老的話，年輕人尊重你，不代表你可以縱容自己停留在「想當初」，若你能試著蹲下身體、放空自己、重新來過，不僅可以重新自我覺察並找到生命力，過去不好的、不理想的部分，也可以藉此重新調整。

情境領導，換位思考

領導力的展現，不是只有一種面向與方法，你要能夠因時因地制宜，彈性地與情境呼應，一名合格的情境領導者，必須懂得如何成為在不同狀況中部屬們的良師。例如，面對新人時，我們可以多分享、指導，給予清楚明確的指示；而部屬情緒低落時，就多些關懷與支持；當部屬堅強獨立時，你可以減少命令。有效率的企業領導，不完全都是命令，命令甚至只占少數，更多時候是給下面的人更多空間，讓他們自己去發揮。因此，情境領導所強調的是，帶領團隊不能只用一成不變的方法，要隨著情況與環境的改變，調整自己的領導和管理方式。

學分14 透過各種方式學習領導策略

參加正式培訓，不斷自我充實

我非常喜歡學習新知、積極探究世界，也深信一名好的領導者是喜歡、也擅於學習的。一個人的能力是知識和智慧的總和，而領導則是一種綜合體現能力的活動，也是解決問題時必備的能力。如果你想在面對競爭和挑戰時，擁有一種不疾不徐、如魚得水的從容優雅，就必須具備決斷力、創新力、協調力、影響力，或其他處理危機的能力，這些能力要如何具備？自我價值要如何提升？你得多多培養專長，用開放的心胸隨時接收新資訊，做出正確的判斷，這是領導者應有的品質。

相反地，猶豫不決與準備不周往往是領導失敗的主因。成功的領導者應該隨時充實自身學識經歷、藉助學習自我進修，透過各種管道不斷自我充實，使本身擁有足夠能力做出正確的判斷，如此才能得到源源不絕的創新構想，進而贏得部屬敬重。

好的領導者懂得聆聽與建議

好的領導力，要同時具備聆聽與建議的能力。聆聽不只是一項個人特長，更是影響決策品質的強大工具，懂得聆聽的領導者，能夠擁有高度的洞察力，對部屬來說，這樣的領導者往往比較貼心，而且具有同理心，相對地，從傾聽後給予的建議，自然也更容易為對方接受。聆聽的養成可以靠多方閱讀與搜集資料，然後思考整個計畫進行，不斷與人溝通並提出建議後，協助對方做出正確的決定。

開發領導力的潛能

既然領導力不是與生俱來，而是後天養成的，那麼當你開發了自己的領導力之後，你的人生將進入另一個里程。不論年齡、學歷或經濟貧富，人人都具有這份潛力等待發揮，也許有人會懷疑自己是否真有這種潛能，其實不是你欠缺領導力，而是被障礙掩蓋了。你必須消除這些障礙、砥礪自我、相信自己、了解自己，障礙就有可能破除，這些障礙包括恐懼與焦躁。恐懼會讓你膽怯、畏縮不前，只等別人在前頭發號施令才行動；而焦躁意味著你不願意致力付出與創造，只是一直在旁邊空轉擔心。

若以工作來劃分人生，我這一生做了三件工作，歷經三個轉折。第一是婚前擔任護士；第二是婚後與先生一起創業，經營美術燈生意；第三是開始學習身心靈課程，進一步認識自己。這三份工作都是我在每一個人生階段中，有意識地為自己做出的選擇，與先生做生意以及創辦婦女團體學習身心靈，都是我展現領導力的過程。如果當初我沒有這樣的決斷力，而被恐懼或者焦慮蒙蔽，我就不會有現在的人生歷練。

學分15 如何扮演領導角色？

六大領導準則：沉穩、細心、膽識、大度、誠信、擔當

身為一名領導者，你得擔負更多責任，因此常要獨立承受危機帶來的恐懼，你必須擁有足夠的勇氣和情緒管理。當年我面臨事業遭受親人背信時，營業額重挫、客戶員工都被帶走，這對我的打擊非常大，我很痛苦、也很憤怒，但八年過後，我也更加深刻體會扮演領導角色的六大準則，以下一一分述：

一、**沉穩**：不要隨便顯露情緒，不要逢人就訴說自己的困難與遭遇；遇到問題時，先靜下心來思考，不要慌張急著找人陳述，待釐清問題核心後，再徵詢別人的意見；但面對重要決定時，就要盡量和別人商量，多傾聽他人的意見。不僅講話不要慌張，就連走路也是一樣，因為言行會透露出你的情緒與狀態。

二、**細心**：對已經發生的事情，要經常思考因果關係。對習以為常的做事方法，則要多加思考改進空間。做任何事都要養成有條不紊和井然有序的習慣，常常透過別人觀看自己，覺察自己的盲點，這有助於隨時隨地自我反省。

三、**膽識**：不要使用缺乏自信的詞句表達想法。例如，別人邀請你一起去

歐洲旅遊，你雖然很想去但欠缺旅費，這時不要和對方說自己因為沒錢而不能去，你可以換個更有自信的方式表達，比方說，「我今年無法出國旅遊，可能計劃明年再去」。這不是要你打腫臉充胖子，而是你要給自己一點期許。另外，做了決定就不要無故反悔，如果你經常反反覆覆，就很容易減損自己的公信力。

四、大度：不要把可能成為夥伴的人變成對手，多一個朋友總比多一個敵人好。我們難免會遇到有人在背後說些不好的話，你就靜靜讓他去說，大家見了面還是保持三分情。如果忍不住把情緒拋出去，你不會知道接下來他還會再說些什麼？對別人的小過失，也不要斤斤計較。不要有權力的傲慢和知識的偏見，愈是大器，才愈能使他人信服。

五、誠信：空虛的口號標語不要經常掛在嘴邊，社會上常常冒出很多口號，這不是一個好現象。很多人投資股票賠錢不說，卻都告訴別人自己是賺錢的，我不認同這種浮誇。過去經營燈飾生意時，如果生意不好，我會說不好，但我知道我明年會賺錢，這是對人的一種誠信，同時也是對自己的一種信任。合作夥伴仰賴的是彼此的信任，浮誇會減損合作的默契。

六、擔當：有擔當的領導者在交辦事項時，要開門見山，不要拐彎抹角。先打預防針，讓合作的對象了解可能的狀況。比方說，公司現在有新的目標，為了達到目標，估計第一年虧本沒關係，但第二年要開始賺錢；如果沒跟對方說清楚第一年可能會虧錢，將導致對方失望或者雙方產生誤會。另外，任何事情在完成之後，都要省查過錯，再來進行獎勵。例如，做生意要有年終清點這一個步驟，如果不先清點就發紅利出去，結果清點獲利不如預期，老闆就吃虧了。

檢討過失時，先從自己開始反省。認錯，從上開始，表功，從下啟動。領導者應該具有這種度量與擔當，但若領導者想和下面的人爭功，就顯示他是一個比較沒自信的人。

Chapter 4

是沒人才？還是不識才？

職場上，溝通就是做人，如果要溝通，當然應該先了解對方。「見人說人話，見鬼說鬼話」在識人選才上，不是負面之意，而是一種變通的能耐，可以讓你帶領團隊而無往不利。

選才達人——**陳源洋**

中菲電腦專案經理
精誠資訊公司人力資源部經理
精業公司教育訓練部門經理
精業公司專案經理

為什麼你需要了解自己的人格特質？

在目前的社會裡，光靠單兵作戰就想成功，幾乎比登天還難，你說自己一個人跑業務可以跑出業績，但有一天，你要不要升上主管職？抑或你的人生目標就是永遠當個超級業務員？你如果只想當一輩子的業務，當然可以；但若有一天你想當主管，就得帶兵，如果不了解人、不了解部屬、不知道如何用才，怎麼辦？你當上店長，底下率兵少則六、七人，多則十數人，怎麼帶？如何安排他們的工作？你若單憑感覺、邊做邊學，失敗機率就會比較大；但如果可以事先預備好這一條路，當你站上那個位置時，不就能夠勝任愉快嗎？

這是個講求團隊合作的年代，有了團隊，就會有不同的人才集合，個性上若能互補，就會更圓滿，所以有必要了解人格特質。不管是了解自己或是認識夥伴，所謂「知己知彼，百戰百勝」就是這個道理。身為主管，你要知道用什麼樣的人可以為你的團隊加分，知道如何識人選才？這也需要仰賴一些工具，協助你更加精準篩選適任的人。

懂得溝通、拋開情緒，莫爭一時之氣

我自己曾有過挫敗的經驗，在這裡跟你們分享。

我曾經在服務的公司裡擔任僅次於副總最資深、位置也最高的角色，新來的副總帶了自己的人來，也就是所謂的空降部隊，這無可厚非，職場人事來來去去都是家常便飯。問題就出在當時這位國王人馬的位階安排比我高，但以組織架構來說，我是對副總負責，不需要經過他，因此，意見相左的時候，我向來都是直接跟副總聯繫。這位國王人馬就不太滿意我的處理方式，認為我不尊重他的存在。想當然爾，一次、兩次、三次下來，副總自然會力挺他帶來的人，後來我就決定離職。

事隔多年，回想這一段當時不太愉快的經驗，我也會不斷地自問：能否有更好的處理方式？如果再重來一次，我想我不會這樣執著在我以為的程序上、繞過他直接跟副總聯繫，他若願承擔責任，我可以退一步，讓他決策，而不與他爭一時；如果我是那位新來的副總，我也一定會帶自己的人馬，畢竟到了一個陌生環境，有自己熟悉的人，做起事來會更順暢；如果我是被國王帶去的人，我會設法先跟我的老闆溝通，由他出面跟公司的資深同仁表達，絕不是我踰矩跑去跟這些資深同仁溝通，甚至因為我的位階高，就仗勢下令。

從這段經驗，我覺察到自己當時是有情緒的，我看他不順眼，或者不欣賞此人，但關鍵都出在我身上；職場上，溝通就是做人，如果要溝通，當然應該先了解對方，你若不知道他的個性，怎麼去談？如果一直處在自己的喜好情緒上，怎麼有機會跟對方合作？你得把目的釐清：究竟是要爭一時之氣，還是要完成任務、達成目的？如果你希望對方幫你做事，當然就要想辦法讓對方接受你的意見。

識人識己，為團隊加分

我們總把「見人說人話，見鬼說鬼話」當成負面形容，但我在識人選才上，則有新的解讀與體會。根據DISC行為模式分析（後面學分會再詳述），人有老虎、孔雀、無尾熊與貓頭鷹四種類型。但我認為最高境界是變色龍，變色龍練就出一種本領，遇到什麼人、就能立即說出對方可以接受的話語，無往不利，這在為了成事的大前提之下，是非常高段的，充滿了彈性與變通能力；反之，死守個性不知變通，就容易失敗。

如果你真的覺得自己的個性很難調整，跟某些人就是很難溝通的話，不妨請其他可以與他溝通的人去搭橋；團隊講究的是效率，只要能夠達成目標，什麼方法都可以試，不一定要自己出馬。

我跟太太先後上了DISC四型人格分析的課程。上完課，她一個月不跟我講話，後來她氣呼呼地告訴我：「嫁錯了人！」原來我們兩人是互補的個性，當初也是這種對比吸引了彼此，但是吵起架來，彼此間的吸引力反成了「個性不合」的爭執起源。談夫妻關係好像是個玩笑話，但從夫妻關係可以延伸到職場，每個人都會有自己的特色，不管是吸引互補性格的人或者同類型的人，如何發揮自己的智能到極大，並能與夥伴相處融洽，為整體團隊加分，才是識人識己的真正目的。

學分16

人力資源的萬能工具：職能分析

什麼是職能分析？

職能，就是擔任某項職位須具備的能力，讓人在工作時可以表現出高效能或者出色的特性，也是達成工作所需的知識與技術，因此，不同職位就需要具有不同的職能。職能又分「核心職能」（心態）與「專業職能」（行為）。

核心職能所指的是不管你在什麼職位，都必須具備的基本能力，我總結各方學者說法，核心職能不脫離以下的範圍：團隊合作、主動積極、持續學習、責任感、創新求變與突破性思考、正直誠信、客戶導向、問題分析與解決能力、品質管理、反應速度等。這些都是一般人認為不管擔任什麼職位都需要具備的基本能力，只是強弱不同；專業職能就要看職位與工作領域而定。以業務職來說，你要有行銷技巧、銷售能力要好，這是在銷售領域的技術能力；以研發部門來說，你需要具備研發內容的專業；若是ＩＣ產業，就要有該產業的基本技術能力。

職能分析的應用範疇與策略

職能分析能夠更精確評估應徵者是否適合、或是有潛力從事應徵的工作，並避免面試主管因主觀判斷而有落差。公司要選才，一定要先清楚「我需要什麼樣的人才」，列出該項職位的基本條件，包括核心職能與專業職能。

早期選才沒有職能分析這種工具，是後來大家才意識到選才需要開條件。如果你身為主管卻不知道自己需要什麼人才，當然就很難精準地找到你需要的人；如果你開出的條件愈精確，來應徵的人才就會更精準。不過，如果條件太精準，能符合條件的人可能又太少，沒得挑。因此，如果可以掌握「應徵人數與錄取人數」的比例是十比一，那將會是最好的狀態。

公司內部人員拔擢晉升，也可仰賴職能分析。當你想要升某人擔任主任、經理，但目前他的條件與能力還不成氣候，你就可以透過職能分析來掌握他目前欠缺的能力是什麼，從而強化需要補強的部分，以克服目前職位升到未來職位之間的落差。

此外，關於員工的績效考核，也可使用職能分析。業務單位很容易量化檢視，憑訂單、業績等就可一目了然；包括祕書在內的行政職就比較難量化，但依舊可從核心職能來檢視，也可透過核心職能來訂定某一職位該有的能力與條件。每家公司會有自己的規格標準，這也就是一份「工作說明書」，是工作績效考核的基礎。

學分17

西方識人與選才工具：四型人格分析

DISC四型人格分析

西方的選才工具很多，人格特質分析只是其中之一，但最被廣泛使用而為一般人熟知的是查爾士・包宣（Charles Boyd）發展的「DISC行為模式分析」。在包宣博士架構的DISC行為模式分析中，人的複雜行為可以歸納成以下四種行為或者人格特質。

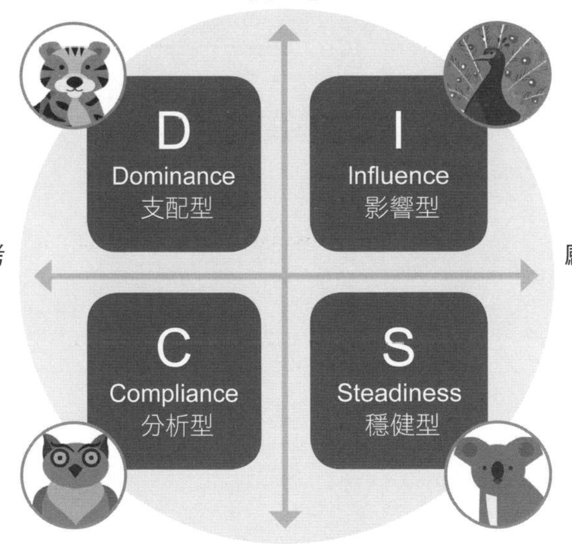

D（Dominance）：支配型。

I（Influence）：影響型。

S（Steadiness）：穩健型。

C（Compliance）：分析型。

這套行為分析模式帶進台灣後，我們就把四種類型各以一種動物作為代表（如第八十五頁圖示）：

D屬於老虎型特性，要立刻看到結果、接受挑戰、迅速下決定、使用權威。

I屬於孔雀型特性，喜歡接觸人、口才流利、散發熱忱、對人及對事樂觀、喜歡團隊。

S屬於無尾熊型特性，有耐心、願意幫助人、善於傾聽、做事穩定可靠、善於安撫情緒激動者。

C屬於貓頭鷹型特性，注重關鍵細節、分析評估利弊、態度含蓄間接、注重指令標準、系統化作業。

如何迅速分辨四型人格？

老虎型：嚴肅、有威儀、抬頭挺胸、雙眼有神、節奏作風明快、音量較大、只講重點、喜歡主導談話。適合當主管或領導人。

孔雀型：表情多、喜愛打扮、碎動作多、飾品配件多，音調起伏大、話多、興奮有力、態度友善。適合做公關、業務。

無尾熊型：眼神柔和、表情祥和、動作較緩慢、氣音較多、話語偏少、音量較小、平時聽多說少、思考時間較長。屬於支援型的人，擔任助理、行政人員最適合。

貓頭鷹型：眼神犀利、有品味、有氣質、語調平淡、話不多、講道理、用字精準、追根究柢、堅持己見。適合研發或者財務。

透過這套四型人格分析之後，不是因此個性就定調不變了，難道無尾熊型的人一輩子當助理？孔雀型的就一直跑業務？老虎型的什麼都不需要懂，就能駕馭團隊？當然不可能，這套分析方式只是為了幫助你了解自己的本質，透過這層認識，你可以找到對的領域與職位，進而發揮自己的特色；在職場工作一段時間後，你一定會隨著職務需求、人事環境以及自己的目標設定與抱負而有所調整，這就是學習與潛力開發。

對於一個團隊來說，四種人格的人力都要兼備，才是最好的，不能完全沒有其中一種人，或者全部都是同一類型的人，這樣團隊很容易發生狀況。你應該就團隊屬性的需要而決定各類型人才的適當比例，這樣對團隊的未來發展才是最好的。

學分18 華人識人與選才工具：姓名學與生肖

生肖分析有助於認識人的特質

西方發展出四型人格分析模式，中華文化也有古老傳統累積的智慧，可以辨識人的特質與性格。生肖與姓名學都很有學問，也有科學根據。十二生肖中，除了龍是虛擬動物，其他十一種都是我們日常生活中可以看到、也很熟悉的動物。你是哪年出生，生肖為何，基本性格大概就會是那個樣子。這比星座更準，因為星座是一個月為週期，生肖是一年，觀察時間更長。

生肖分析跟DISC人格分析一樣，你毋需擔心自己彷彿被命定一般，好壞似乎都是天注定，這主要是幫助你認識自己的特質，讓你從事自己能夠勝任愉快的工作。基礎建立後，你就可以再往外延伸挑戰，選才的目的也在此。企業當然不希望選錯人而導致人才流失，徒增時間與人力成本。

所謂「個性使然」，是在你了解自己後，不論要不要或者能不能改，至少你能明白自己的限制；而個性是兩面刃，發揮得宜就會朝正向發展，反之若是偏執、拘泥己見，就會走向負面。

姓名學有玄機，「聞其名」可「知其性」

提到姓名學，很多人以為是玄學，不具備科學基礎；不過，二千多年前，至聖先師孔子就說過「人如其名」、「聞其名，知其性」，當時的孔子並不知道他所謂的「名」背後是有科學基礎的。曾有日本團隊為了研究聲音的影響力，同時對著三碗白飯說話，一碗不斷被讚美，一碗不斷被嫌棄，另外一碗則不對它說任何話。過沒幾天，被嫌棄的那一碗飯很快就發霉了，其次是沒說任何話的那碗，最後發霉的才是天天被讚美的這碗飯。

聲音是一種頻率能量，能影響我們認為的無生命物質，對人當然也會有影響，人家喊你的名字，對你就會有影響；再者，父母不會幫你亂取名字，名字通常是帶著父母的期待與想法，這意念對子女自然也會有影響。

有個朋友準備升部屬擔任經理，他有三個候選人，績效考核、條件都符合，也都有資格勝任，各有千秋，他因而傷透腦筋不知道該選誰。後來我就幫他綜合了DISC、生肖與姓名學分析，為求周全，我還找了星座老師從星座分析。結果不約而同，我們選的第一優先人選是同一位。我舉這個例子，不是要說人各有命，如果只有一個候選人，就沒有什麼條件需要考量，但因為三人競爭，最後還是得仰賴工具篩選。我要再次強調，這些選才工具只是第二線，第一線還是要先採用職能分析。當你有足夠的候選人，又很難取捨時，才使用第二線的選才標準。

學分19 人無優劣之別，只有因材施教

中西選才工具結合，類型人才的教育訓練模式

在這個學分裡，我把中西兩套人格分析系統綜合起來對照看，可以更仔細地分析一個人的特質。

老虎與貓頭鷹屬於視覺型，要訓練他就要給予資料，讓他用閱讀的方式吸收，學習要用看的；相對地，孔雀與無尾熊型的人，聽覺敏銳，訓練方式則以聆聽ＣＤ等或者其他有聲書會更適合。

雖然這四種類型的人，對於結果、目標、看重的內容各有不同，但若能善加分析，你就更能知人善任，而不是誤以為對方學習效率差或者不求上進，甚至產生不必要的衝突隔閡。

我曾有個同事是典型的孔雀型人格，她擔任人資部門的選才工作。選才就是要能跟不同的人打交道，從聊天中

人格類型	對應生肖	特質	行事節奏	目標	作業模式	重視內容
老虎型	虎、馬、狗	視覺型	快節奏	重事	挑戰性的模式	重結果
孔雀型	猴、鼠、龍	聽覺型	快節奏	重人	時間性的模式	重樂趣
無尾熊型	豬、兔、羊	聽覺型	慢節奏	重人	鼓勵性的模式	重紀律
貓頭鷹型	蛇、雞、牛	視覺型	慢節奏	重事	目標性的模式	重標準

洞悉對方的特質，她非常適合這份工作，即使有時候一個人唱獨角戲也可以很亢奮。只不過孔雀型的人有時候會聊到忘我、忘記控制時間，所以要給他明確的時間限制。

我舉這例子是要提醒你，人才沒有好壞，只有特色不同，若能因材施予不同的在職教育，人人自然都能大放異彩。

如何從履歷選才？

面對上百封履歷，每家公司都有自己的基本篩選標準，學經歷、家裡與公司的距離、自傳等都是基本評量的條件。通常十個條件符合五個，就可以考慮進一步面談。接下來，各種性向測驗就是篩選工具，如果現階段你想要孔雀型的人，貓頭鷹性格太重的，就別考慮。除非真的急需用人、又沒有更適合的人選，不然輕易嘗試可能不會有太好的結果。

我曾看過許多履歷，我會期待看到的是具體內容。例如，很多人都會說自己積極正向，但什麼是積極正向？畢竟履歷都會描述自己的好話，你應該要列舉自己的實質作為說明，這樣才更容易從書面履歷中脫穎而出，很快地吸引主管的目光。

對於公司來說，可以從開出的人力缺與來函的履歷來挑選人才，慢慢累積公司選才的標準與職能分析。一開始也許不完整，但不能完全沒有。如果公司有永續經營的目標，就該往這方面發展。選才工具愈多，當然成本也愈高，花的時間也愈長，但是比起人才因錯用、誤用而來來去去造成的成本耗損，孰重孰輕，這是可以評估的。

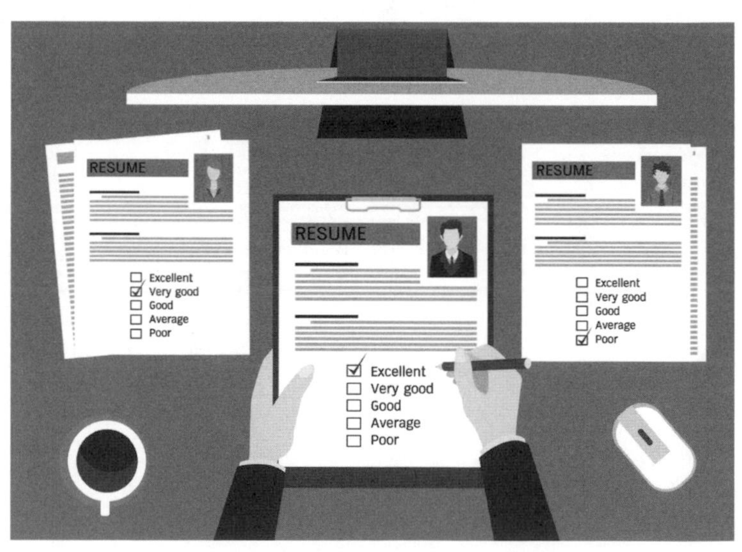

學分20 善用人才，為團隊加分

前面的學分提到中西選才工具，只是為了幫助你認識自己，但你別反被那些分類限制住而往自己身上貼標籤。每個企業大致都會有生產、銷售、人事、研發、財務這五類工作領域，哪一個領域適合哪樣的人才，我仍然回到四型人格搭配生肖說明。

每個團隊都需要有這四種人，缺一不可，差別只在比重不同。身為主管，你要考慮到自己的團隊屬性，需要哪類型的人比例要最高，但互補型的人也不能缺少。如果你說，什麼人都可以用，不必限制這麼多，那也不是不行，不過你要面對新人不適任的風險會更大，人來來去去，對於團隊的向心力、凝聚力多少會有耗損，人力時間成本也會增加，若能適時運用一些衡量工具篩選人才，不要光靠運氣、感覺選才，可以讓你少花時間在重複徵才這樣的事情上。

知人善任，團隊互補合作

籌組一個團隊，究竟怎樣配置人力最好？若是業務團隊，孔雀型人格可以占多數，適時穿插一點貓頭鷹型的人，可以讓業務更踏實；若是技術團隊，則以貓頭鷹型的人為重，但有一點孔雀型的人，就會讓團隊比較活潑；如果主事者是老虎型的人，副主管就很適合無尾熊來擔任，老虎與無尾熊可以互補氣氛，無尾熊可以舒緩大家被老虎緊盯的緊張，畢竟如果背後一直有人虎視眈眈，你一定不舒服。

整個團隊人才的配置，一定和你個人的立場角度不同。當你覺得某人不順眼、難相處時，那是因為你只考慮到自己的立場，若從更高的團隊和諧與發展來看，你們應該是競爭合作，而不是競爭比較。把角度拉高，有助於你欣賞個性不同的人，某天當你擔任主管職務時，就更能知人善任，不會因為一時的情緒與個人喜好而偏頗太大，如此才不會錯失為團隊加分的人才。

人格類型	適合職務	對應領域
老虎型	主管、稽核、品管	生產、銷售、人事、研發、財務
孔雀型	業務、公關、客服	銷售、人事
無尾熊型	助理、祕書、總務	生產、人事
貓頭鷹型	技術、財務、會計	生產、研發、財務

Chapter 5

認清定位，雙贏無輸家

每個人都有自己的人格特質與才能，沒有好壞優劣之別，請給自己「人生五燈獎」，五燈分別是：讚美、感恩、愛、慈悲與祝福。

勵志講師─林靜霞

輔大附設婦女大學講師
公務人力發展中心講師
台北廣播電台親密關係節目主持人
友達光電股份有限公司講師
愛麗生醫療集團講師
馬來西亞正向教育中心講師
上海樂攀林教育中心講師
中華華人講師聯盟認證講師

人格特質的形成與家庭、學校、同儕有關

我們每個人在一生的舞台上會同時或輪番扮演很多角色，這些角色如同一棵樹上不同的枝葉，枝葉會有各自的特色。你可能同時扮演爸爸、媽媽、老師、學生、兒子、女兒、上司、下屬……等諸多角色，而且一天之內就會有不同的角色輪流上陣。角色扮演得好不好，跟樹幹有關，樹幹若長不好，枝葉也很難盛開，如果樹根爛掉、樹幹枯萎，就別期待枝葉活得蓊鬱青綠，因此你擔負的這些角色能否扮演恰當，自然跟你這棵樹本身有關。

樹幹與樹根是生命最底層的基礎，生命一路成長的經驗與學習，會內化為我們的信念與觀點，成為應對進退的心態與溝通模式。

你的人格特質如何形成，牽涉到幾個層面：首先，原生家庭的教養與言行舉止都是孩子學習的起始，而影響孩子最大的並非只有親生父母，也可能是影響他學習的關鍵人物或外在環境，如果正向肯定多，樹幹會長得比較健康；如果被否定較多，則可能容易欠缺信心。其次是學校教育，師長教導、同學關係也會影響個人；進入職場，也會有新的生涯歷練，會碰撞出新的智慧與能力。我從教育與心理輔導來看，孩子的純真就像白紙一般，慢慢累積經驗才會添加顏色圖案，小孩發展各有不同，都跟環境有關，為了求生存，每個人也會有不同的方式來為自己定位。

職場上，常常會聽到很多感嘆，我們跟某些類型的人就是會一見如故，跟某些類型的人就是處不來；遇到人際困頓時，有人會轉向生命探索，可能依賴算命、塔羅、紫微斗數或者星座，不管是何種方式，都是為了更認識自己、了解自己的處境。在這一章裡，我想和你分享的是自我探索的其中一種方式：九型人格學。

運用「九型人格學」協助他人了解自己

九型人格學猶如一張人生地圖，透過這張地圖，你可以清楚看見自己的位置、角色、優缺點與才能，進而幫助自己走出困境及潛能開發。不只在台灣，我去馬來西亞上課演講時，也用這套系統協助企業老闆或高階主管認識自己帶領的一九八〇年後出生的年輕員工。

我們很常聽到一般人用年紀來為世代貼標籤，如「草莓族」、「九〇後」、「滑世代」、「氣球族」等。老一輩的人確實是苦過來的，他們若想要擁有好生活，就得老老實實努力奮鬥，但當時的大環境與現在截然不同，我不是說現在的年輕人不好，而是普遍來講，有些人的自我覺察力確實比較差，環境優渥讓某些年輕人生活在一種理所當然的氛圍中，這種特質一方面會讓人失去努力的目標與動力，一方面也比較禁不起人際間的磨合。

如果我們放下世代差異，回到一種純粹的人性與人格特質，就不會有世代之間的鴻溝。也就是說，如果你是企業主，放掉對八〇或者九〇後的預設立場，利用人格特質分析工具來看待員工；又或者，你也放下對上一代長輩的刻板印象，站在老闆的立場看公司，其實年齡與世代差距根本不是問題，至少不是關鍵問題。

有人在職場上不如意，縱使換了工作，還是不愉快，我想關鍵是，他沒有真正從工作中看到自己的人格特質，所以一旦覺得不如意，以為換一個環境會更好，殊不知即使換了工作，仍會把不好的情緒帶到下一個領域，導致困境重複循環，這也是我為何要運用「九型人格學」系統來協助他人了解自己的原因。你可以透過這面鏡子更清楚看見自己，不僅不會卡在原點，跨出去的步伐與視野也會更加開闊，流暢度與自由度更大，就不會繼續陷在自己的格局障礙裡。

除了在生活中自我檢視或進一步諮商以外，部分人格特質也可以從外顯行為來判斷。假如你想了解自己的主管到底是什麼樣的人、相處不來的同事又是怎樣的人，也可以從九型人格分類的特徵，如溝通方式、口語表達、能量高低、聲音大小、講話速度等面向來判斷。

學分21

九型人格介紹

以九型人格認清自我與他人的定位

「九型人格學」（Enneagram），是一門很古老的學問，緣起於二千多年前的蘇菲教派（伊斯蘭教的一支），原始目的是為了讓長老藉此透析弟子與教友的性格，進而和睦共處，分析基礎來自人的思維模式、情緒反應與行為慣性等特質，將人的性格歸納出九宮圖，後來又逐漸發展成九型人格。

這套學問也流傳到歐美等地，從口耳相傳到後續延伸擴展，美國知名大學與心理學界更把九型人格學說納入研究人類心理與行為教材，原本宗教色彩濃厚的學問也因學術化而成為客觀的心理學課程；除了心理學，九型人格也能用在醫療，協助醫生判斷病患為何會生病；用在職場，協助老闆選才；用在機關團體，主管能將部屬放在對的位置；用在學校，可以運用在師生之間，或者老師與家長之間；用在工作上，讓我們明白如何跟不同的人相處。這是一張地圖，透過地圖與定位，我可以知道我的位置在哪兒，別人又在哪兒，我應該如何邁開步伐。以下我將逐一分析特色、優缺點以及適合的工作職位，讓你更加明白自己現在所處的位置。

我要再次強調，九型人格有如觀看一張地圖，讓你知道自己與他人的定位，所以並沒有優劣好壞之別，只有位置不同的差異。你若愈能善用九型人格分析，就愈能營造人我之間的和諧關係。

學分22

九型人格的特徵

這套系統分為「頭中心」、「心中心」與「腹中心」三大中心，每個中心各自延伸出三種人格特質，一共有九種人格特質。

頭中心（思考型，忠誠型，豐富型）

「頭中心」代表理智取向。特質是善用蒐集過去經驗進而分析判斷，以減少眼前的決策失誤，缺點是容易錯失良機，機會往往在反覆思考中溜走，也不擅長情感表達。

思考型：喜歡追求知識，善於蒐集資訊並重視邏輯分析，不受感情左右，喜歡清靜，不喜歡被干擾。缺點是像關在象牙塔裡的獨行俠，比較冷漠，欠缺社交能力。

忠誠型：謹慎踏實，不好高騖遠，盡忠職守，具危機感，害怕沒有準備好而出差錯，所以會請教他人意見，卻又對人不信任、討厭權威，經常覺得不安，處處是危機，個性矛盾裹足不前。

豐富型：屬於好奇寶寶，創造力很豐富，對一成不變的事感到無聊、沒有耐心，所以工作的時候，常找樂子逗人家，是大家的開心果；台語「晚上想頭路，天亮沒半步」可形容這類型的人，但這種人說多想多做少，喜新厭舊，追求快樂、逃避痛苦，行動力較差、落實度不足。

心中心（全愛型，成功型，藝術型）

「心中心」代表情感取向。特質是注重人際關係，所以會用心經營與人的互動，在意他人的評價與對待。

全愛型：富有同理心、善於傾聽、照顧別人的需要，但相對來說也較缺乏自我關照，在付出中渴望被重視、被接納、被喜愛、被需要，才有助於提升自我價值感。

成功型：突顯個人、有企圖心，積極、自信、應變力強、工作狂；但因為在乎掌聲，容易忽略自己的狀態，即使身心疲憊仍會逞強。企業界與政界有不少這類型的人。

藝術型：個人風格甚為強烈，相當重視美感與氣氛，生命表現與眾不同，同時渴望被他人認同，希望創作被伯樂欣賞；但也因此容易鑽牛角尖、陷入孤單、自我貶抑。

腹中心（能力型，和平型，完美型）

「腹中心」代表行動與實踐取向。特質是活在未來，屬於未來生存及生活模式，十足行動派，不需思考太多（Just do it!），較能掌握時機，但如果欠缺評估，容易出差錯，也較不會在人際上放心思。

能力型：有很強的領導力，果斷不拖泥帶水，一旦做決定，任何阻礙挫折都擋不了，不放棄、不服輸，直來直往，路見不平、拔刀相助，有很強的自信，但易形成霸氣。

和平型：以和為貴，與世無爭，不喜歡發生衝突，不展現企圖心與野心，是天生的調解者。然而，缺點是不會拒絕別人，迎合、不作決定，但不代表他沒意見，所以會陽奉陰違，沒有效率，為了維護人際關係和諧，會扮演和事佬的角色。

完美型：要求完美，有條有理，信守承諾，盡責認真，沒有模糊空間，不作白日夢，有很強的執行力，不輕易改變，缺點是會有內在法庭檢視自己，批判自己表現得不夠好。

學分23

九型人格的生命態度

頭中心

思考型：沉默寡言、理性冷靜、分析力強、仰賴資料，習慣在做任何決定之前要有周全準備，希望自己的立論不被質疑，端出的成果是有用的，為了成為追求知識的巨人，就算在人際關係上變成侏儒也無所謂。

忠誠型：雖忠實可靠，但也容易焦慮緊張、難下決定，反應過度瞎疑猜，總認為看似完美的世界背後處處潛藏危機，所以人生不能沒有準備，但也不要輕舉妄動，必須循規蹈矩，才能大大減少風險。

豐富型：相信生命本來就要活得豐富，所以追求人生活得快樂、多采多姿、自由自在，不喜歡約束跟刻板生活，哪裡好玩就往哪裡跑，只想體驗開心的事，不認為有必要專注在一件事情上。

心中心

全愛型：深信人不可以自私、必須樂善好施，好管閒事，只要別人有難，他就會一馬當先，把別人的需要擺在第一位，完全不管自己的狀況，是「燃燒自己，照亮別人」的典型人格。

成功型：深信自己不可以丟臉，失敗會很沒面子，如果沒有被肯定，人生就沒有價值，要贏得肯定才能被愛、被尊重，因此所有表現都要獲得讚賞與認同：我的形象好嗎？穿著是否得體？外在形象也是此種人格在乎的焦點。

藝術型：堅信要活出自己的風格與深度，過著靈性的人生。對社會充滿假面具與防禦心很感慨，因此對於團體與社交活動，流露出不善應酬與不安的態度，即使不善於與人交往，仍希望自己的成就與創作可以被人肯定。

腹中心

能力型：深信這是強者當道的世界，有權勢才會受人尊敬，所以成為領導者是必要的，不服輸也不能軟弱，具侵略性且愈挫愈勇，喜歡享受有力量的感覺，不喜歡聽人指揮或操控，但也是講義氣、扶助弱勢的保護者。

和平型：人不可能孤立於世，所以衝突能免則免，要儘量傾聽別人的需要，維持人際關係和諧，希望活出舒適寧靜、和平簡單的人生，與世無爭，也不想出鋒頭，只要過得去就好，甚至沒效率都沒關係。

完美型：期許自己能對社會有所貢獻，所以要用正確的態度做正確的事，不能有出錯的事情發生，以高標準要求自己與夥伴，道德感與反省力相當強；不過，對錯的尺度存在自己的心中，由他自行認定。

學分24 如何把特質與才華發揮出來？

發掘屬於你的領導力

【案例一】有個「思考型」的人每次開會都遲到，後來大家才知道，他絕對不會兩手空空來開會，一定會上圖書館找齊資料、想好決策方針、提供充足資訊後才來開會，但往往大家都開完會了，他才姍姍來遲。如果你是他的主管，你怎麼辦？

【案例二】有個總務是「忠誠型」的主管，辦公室要整修，找了好幾個設計師，他明明有決策權，卻又一直到處問同仁的意見；如果你想給他明確建議，他又會不高興，繞了一大圈，最後他還是採用自己的想法設計。如果你有這種主管，你怎麼辦？

這些特質並無好壞之別，而是當你知道某人具有哪些傾向時，你如何讓這份特質朝著正面的方向發展？職場上一個基本的判斷標準，就是有沒有擺對位置？當然你也可以自問：我是否已處於最適合展現自己才能的位置上？

九型人格，適才適所

以下將針對九種人格特性整理出適合的工作與職位，大家可以自行參考。

思考型：不適合步調太快的工作，偏重技術性內容，適合偵探、徵信、研究員、工程師、科學家、哲學家、律師、學術界、公司研發部門。

忠誠型：變動性大、競爭性強的工作會讓他不安，較不適合；由於細心與忠誠度十足，因此適合擔任會計、財務、投資理財經紀人、軍警、保險、品管、稽核人員。

豐富型：與忠誠型相反（或互補），像是財務、會計這種需要細心核對的工作較不適合，以從事開放、開創性的工作為佳，如業務、公關、旅遊、造型師、攝影師、娛樂表演、政治人物或幕僚，這些職務的變動與即時性是豐富型人格發揮的好舞台。

全愛型：不適合太機械化、少跟人接觸的工作，適合廣結善緣的職業，如諮詢、公關、服務業、人才招募、護理人員、宗教家。

成功型：不適合沒有競爭感、沒機會突顯個人重要性、太繁複或要做很多研究以致沒效率的職業，適合的工作以業務、演說家、從政、演藝等能展現自我風格者為優。

藝術型：不適合沒有創造性、一成不變的工作，適合藝術工作、小說家、鑑賞家、創意廣告或可表現出獨特性的領域。

能力型：不當老二，不適合聽命別人，不喜歡沒有挑戰性的工作，比較適合擔任企業與政治領袖、軍警、執法、業務主管、經紀人或自行創業。

和平型：不適合高壓、衝突、步調變化太快等第一線工作，適合擔任諮商師、部門協調、輔導顧問、人力資源管理。

完美型：喜歡明確、有原則，適合獨立作業、能發揮特質的工作，如設計師、醫生、老師、業務員，不適合沒有紀律、責任劃分不清的工作環境。

學分25

知己知彼，和諧雙贏

【案例】有個完美型的人打算購置新辦公室，請仲介介紹。這名仲介告知對方，他不久後將離職，如果不急的話，可以等他離職後再來處理，他也會跟賣方談妥條件，這樣抽成數不高，成交價也會比較便宜。看起來，仲介是站在客戶的立場思考，非常貼心，怎料這位完美型的人的反應竟然是告訴仲介的公司，指控仲介背著公司吃裡扒外，就算提出的條件再好，他也無法接受這種有瑕疵的作為。在這完美型的家中，所有擺設都非常整齊乾淨，鞋子都裝在鞋盒裡，看不到一點灰塵，而且為人挑剔、一絲不苟，心中總抱持著「我是為你好」的想法。

不知道你看完這故事有何感想？若仲介這樣對你，你是否能夠接受？我想一般人接受的成分居高，再加上這是買屋，而非買菜，金額差很多，誰不會希望多省一點荷包？但完美型的人就是沒辦法接受；然而仲介錯了嗎？於法、於理、於情都沒問題，若從工作倫理來看，的確有瑕疵，但他站在買賣雙方立場，幫賣方盡早成交、幫買方省錢，又是一種皆大歡喜的安排。由此可知，九型人格就是一種特質而已，沒有絕對好壞之別，就看你在什麼時空、什麼條件下展現自己。

每種類型的人也會有習慣的表達模式，例如完美型的人，常會說「你這樣是錯的」，表達方式很絕對；全愛型的人總是笑臉迎人，將「不要客氣啊！」經常掛在嘴邊；成功型的人常說「看看我做得多棒！」；藝術型的人常說「為什麼我總是很難被認同，有誰了解我？」；思考型的人就會說「我先看看、先想想……」；忠誠型的人會反問「你覺得呢？我想聽聽你的意見」，但優柔寡斷的他，還會補上一句「你的意見是不錯……可是……」；豐富型的人喜歡新鮮，常會迫不及待地分享，並將「我有新的想法、新的點子耶！」常掛嘴邊，但不耐煩的他也常說「好無聊、好無趣」；能力型常說「我說了算，你不要跟我辯」、「這格局太小，眼光要放遠一點」，理所當然地下達指令；而和平型的人就常說「不要急，船到橋頭自然直」，遇爭執必須當和事佬時，則會說「不要吵啦，大家好好談嘛」。

樂在工作、愛在生活

以上是約略的歸納，但仍希望幫助你多認識一點工作中的夥伴及人際關係。我深信透過人格特質的認識，可以帶給自己與別人更大的自由空間，工作也會比較順暢，人際關係漸趨圓融，讓你樂在工作、愛在生活。最後，和你分享我的「人生五燈獎」：

1、**讚美：**讚美自己，欣賞別人。要讚美自己所擁有的優點，懂得欣賞別人所展現的樣貌美。

2、**感恩：**差異有助於學習、成長和跨越，感恩周遭有這麼多不同人格特質的人，感謝他人扮演我的鏡子，進而照見自己，提升覺察力。透過不斷蛻變、轉化、擴展的歷程，提升自己的智慧，讓生命不斷地蛻變。

3、**愛：**讓心胸更寬廣，以彈性並且充滿關愛的熱誠來學習，活出完美、睿智、豐富、有愛的人生。

4、**慈悲：**接納人性的軟弱、不足與不能，寬容待己及待人。不要輕易自我貶抑，請給自己多一些空間，同時也請容許別人的不完美。

5、**祝福：**天生我才必有用，祝福自己也祝福他人，皆能於生命旅途中開創豐盛喜悅的道路。

第二篇

勇往直前，逆風高飛

生活豈能事事盡如人意？
人生不免會有無奈、愁苦與悲傷，
在面對逆境時，若能導入正向的力量，
用「幽默」面對生活中的挫折和壓力，
才是迎向陽光的積極態度。

Chapter 6

情緒非惡魔，你可以與之共舞

人不是被事情困住，而是被「對事情的看法」困住，若能翻轉自己對事情的看法，心存感謝，你會擁有不一樣的人生！

生命教育講師──**李雅珍**

淡江大學教育心理與諮商研究所
新北市樹人家商社會科教師兼輔導組長
中華華人講師聯盟認證講師暨第六屆出版編輯委員會主委

情緒包含思想與感覺，主觀且多變

提到情緒，我們似乎很熟悉，也常會用「情緒化」形容一個人，但究竟什麼是情緒？根據教育心理學家張春興教授的定義：「情緒是受到刺激所產生的一種身心激動狀態」；而蔡秀玲、楊智馨教授則認為：「情緒，人皆有之。情緒是由刺激所引起、情緒是主觀經驗、情緒具有可變性」。綜合以上說法，我自己則為情緒下了這樣的定義：「情緒是受到刺激而引發的內在心情，包括思想與感覺，是主觀且多變的。」

人的基本情緒是喜、怒、哀、樂，經由時間累積，情緒的變化將愈來愈細緻。我們都不喜歡負面情緒，但你必須深入並且接受這股潛藏的力量，才有辦法理出引發情緒的根源。

當我們情緒不佳時，不只心情會受到影響，同時也會反應在身體及生理上，不過每個人的狀況不同，面對同一事件，若以「正面情緒」而言，有人可能感到很亢奮，有人僅有淡淡喜悅；而以「負面情緒」來說，有些人會激起憤怒情緒，有些人則會哭泣、陷入哀傷來表達感受。情緒的可變性很大並且很主觀，因此，你可能會處在「明明早上心情還很平穩，中午受到一個事件刺激後卻開始崩潰」的狀態裡，情緒很像天氣，時時刻刻都會產生變化。

情緒與經歷、認知有關，無好壞對錯

眼前有半杯水，你會怎麼看？也許你會想：「哎，只剩半杯。」抑或你的反應是：「太好了！還有半杯。」這兩種反應跟你過去經歷或認知習慣有關，沒有好壞對錯，只有差別不同而已。很多人認為情緒是不理性的，所以要跟認知分開談；但我認為要了解情緒，一定要從認知過程中抽絲剝繭，兩件事必須整合，才能深入自己的內在。

一般人容易把情緒視為負面，認為不該讓情緒抒發出來，但也有很多心理學研究指出，如果不斷壓抑情緒，只會造成更多問題，例如憂鬱症就和情緒無法順暢表達有關。

聯合國世界衛生組織表示，二〇二〇年全球有三種疾病需要重視，第一是心血管疾病，其次是憂鬱症，最後是愛滋病。憂鬱症帶來的社會經濟負擔不亞於心血管疾病，因憂鬱導致的自殺率不斷攀升；在台灣，憂鬱症帶來的社會經濟損失平均一年已逾三百五十億元，而這也是造成失能疾病的第一名，我們不能不好好面對這個全球危機。

傾聽情緒，讓它成為守護你的小天使

在學校除了輔導學生之外，我也致力於憂鬱與自殺防治宣導。以下列出幾項簡單指標，你若擔心自己有憂鬱傾向，或者症狀出現兩週以上，建議進一步尋求專業協助：

第一，情緒容易低落，經常哭泣、易怒、不安、焦慮，幾乎對所有事情都不感興趣；第二，容易自責，覺得自己是最糟糕的、自我價值感很低落，無法思考、注意力下降，嚴重時可能還會想尋短，這就是典型的憂鬱症；除了內心的感受可以參考外，身體狀態也是觀察指標，比方短時間內體重突然下降或是暴增，食慾差或者暴食，背痛或者頸部痠痛，失眠或者嗜睡，行為能力好像呈現停滯狀態，這些看起來是身體產生的狀況，其實很可能是心理出了問題。

以前我是個極沒自信而且容易憂鬱的女孩，老家在澎湖，小時候假日一早起床就必須到工廠剝蝦賺錢，分擔家計，這份工作一直持續到國二。下午放學後，同學都在玩、我卻要到工廠工作，這讓我產生自卑及怨懟的心情，但我又很怕媽媽的眼神，不敢溜出去玩；高中時，我的英文成績一直都是倒數，當時曾怪罪媽媽不讓我補習，使我成績不好。大學之前，我的人生彷彿一塌糊塗，造成我退縮的性格；工作後，生活面臨很多困境，愈來愈不快樂，當我開始決定面對內心後，經過不斷學習、不斷發掘自己，終於發現情緒的力量影響人生之大！

如果你總是遇到重複的人際問題或不如意的事，建議你不妨停下腳步，好好靜下心傾聽自己內心最真實的聲音，只要你願意開始正視，不管是埋怨、委屈、憤怒、失望，這些情緒一定可以從小惡魔變成守護你的小天使。

學分26

認識情緒樣貌，看見內在世界

情緒像什麼？

我常問學生：情緒像什麼？通常在學生回答後，我就可以從他的回答中約略知道他的內心世界是什麼樣子。你也可以問問自己，情緒像什麼？

當你心情混亂時，可能會覺得情緒像一團糾結的棉線球，剪不斷理還亂；而當你處在幸福狀態裡，則會覺得情緒就像濃濃巧克力，芳香甜美；也有人會覺得情緒像惡魔，快把人吞噬了；情緒也可能是花園裡的雜草，當你出現負面情緒時，就像是美麗的花園裡長出了一堆雜草，這樣的花園，美麗嗎？

回想二十歲以前的我，每次遇到情緒低落時，總覺得內心好像有個惡魔，很想衝破那個關卡，偏偏怎麼也衝不過，最後只有精疲力盡；透過學習，我才慢慢明白，這個我所以為的惡魔只要面對它並接納它的存在，不壓抑也不衝破，就能與它和平共處，反之，愈用力驅趕它，我就愈會受到反作用力之害。

情緒如何辨識？

無論是什麼樣的情緒，你都要記得：情緒沒有好壞。以焦慮為例，我想一般人都會覺得焦慮不好，但是焦慮有時卻能讓人更專注地把事情完成，因此，它雖然看起來是負向的，卻能因為正向力量導入，反而讓結果變得更好。至於情緒強弱程度的差別又該如何分辨？例如，驚喜強過愉悅、快樂，憤怒則比生氣更強。

情緒不只展現在心情上，情緒也會影響身體外在呈現的樣貌。愉快，會讓人全身舒展，害怕則會讓你全身緊繃，這一點，可以直接從貓、狗等動物的身體語言上看見；不過，外在樣貌的顯現只是第一個層面，你還得進一步了解對方發生了什麼事，才會知道他的內心產生了什麼情緒，也才能辨識出比喜怒哀樂更豐富多元的情緒。

情緒如何產生？

有些人知道自己將被資遣，若在心中產生負面的想法，如「我都這麼盡力了還被裁員，難道是我努力不夠嗎？這樣對待我真可惡！」帶著這種質疑自己、埋怨他人的心態，容易讓人陷入低落的情緒；如果轉換正面想法告訴自己：「這公司不適合我，相信還有更多懂得欣賞我的公司正等著我！」這麼想，心情就容易平靜下來。

同一件事，你要聚焦在被裁員的憤怒上，還是卯足勁為自己想像一個美好的未來？這會是影響你未來走向的關鍵。

學分27

覺察情緒流向，幫助自我成長

情緒表達是學習而來的

「情緒」與「情緒表達」是兩件事。襁褓中的嬰孩會笑會哭，他是學來的嗎？當然不是，但情緒的確可以透過學習來表達，讓別人理解我們當下真正的感受是什麼。人如何表達情緒，也跟父母親的管教方式有關。有些父母比較強勢嚴厲，小孩就容易自信不足；反之，有些父母太過放任或者保護過度，沒有讓孩子明白是非對錯，因此而產生偏差行為，孩子在性格上也會傾向於不敢為自己負責。

曾有一個學生，他的父親要求他在學校別抽菸，以免被記過處分，但孩子回家後依然可以抽菸，父親的雙重標準會讓孩子在行為對錯判斷上產生混淆。比較好的做法是父母明確表達自己的態度與情緒，比方看到孩子抽菸，當然會生氣，但也會擔心，讓孩子正確接收到父母對事件的重視和對自己的關愛，孩子才能面對自己的問題，並進一步自省為何要抽菸。

現在許多孩子到了中學階段，已經不跟父母親嘔討愛。我發現能夠順暢表達愛的孩子，個性也會比較積極樂觀；反之則較退縮。有一次我在課堂上玩了個遊戲，請學生打電話回家跟爸媽說「我愛你」。有個學生打電話回家，媽媽一聽他說「我愛妳」，竟以為他翹課，隨即臭罵他一頓；後來我出面緩頰，媽媽才明白是課堂的小遊戲。像這樣的家庭，他們不是不愛，而是無法或者不懂得如何表達愛，倘若愛的表達比較壓抑，連帶情緒表達也會受阻，很多事情也就無法溝通。

情緒的呈現有性別上的差異

通常我們都有性別刻板印象，例如男性該凸顯「男兒有淚不輕彈」的陽剛特質，而女性就得呈現溫柔婉約與依賴。雖然，兩性平權已是現代社會的基本價值，但社會對不同性別的期待依舊存在。

在職場上，我遇到的男性主管與女性主管最大的管理差別在於，通常男性的主導意識較強，他可以很快下決策、拍板定案；女性主管則比較會徵詢成員們的意見後再做決定。

曾有男性主管在開會時糾正我：「別把事情都混在一起談。」他認為我斟酌太多了，我只需要回答單一問題就好；但我的立場是希望周全，希望把其他狀況一併列入考量，當時我覺得自己被否定，因而產生受挫情緒；事後我才明白他也只是就事論事，並非針對我，幸好我能「換個角度看事情」，才得以脫離負面情緒的困擾。如果你是男性主管，不妨試著打開耳朵學習傾聽；如果妳是女性主管，也毋須因為跟同仁互動有代溝而自我否定。

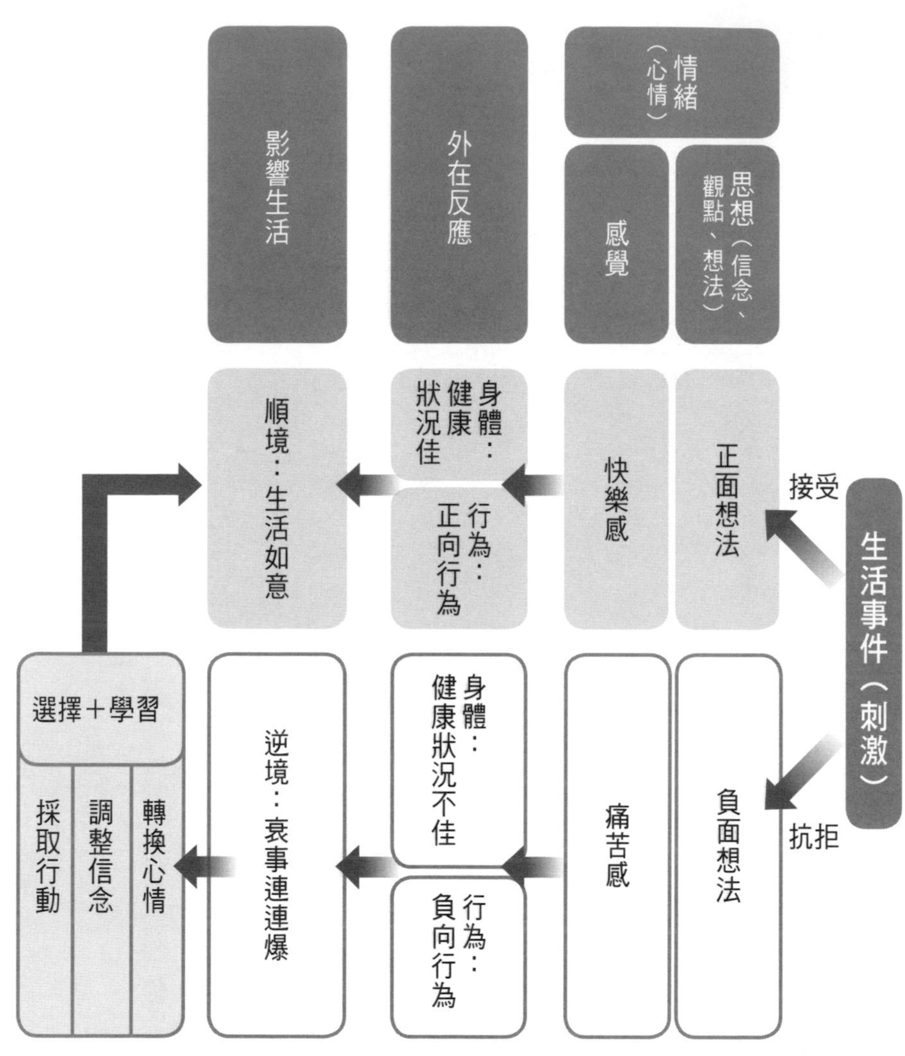
情緒（心情）
思想（信念、觀點、想法）
感覺
外在反應
影響生活
生活事件（刺激）
接受
抗拒
正面想法
快樂感
身體：健康狀況佳
行為：正向行為
順境：生活如意
負面想法
痛苦感
身體：健康狀況不佳
行為：負向行為
逆境：衰事連連爆
選擇＋學習
轉換心情
調整信念
採取行動

情緒與生活的關係

學分28

了解情緒變化，學習為己負責

情緒如何主宰我們的行為與生活？

我們生活的世界裡充滿刺激，面對這些迎面而來的大量訊息，你有兩條路可選擇：一條是正向接受，另一條則是對抗（如一三〇頁圖示）。正向接受會讓你放鬆，用感謝的態度面對生活；但當你用抗拒態度面對，就容易產生負向想法，你會出現痛苦的感覺，連帶身體也會不舒服，當你身心都處在這種不佳的狀態下，外顯行為就會出現攻擊、批評、畏縮等狀態。當你以負向行為展現自己，外界就會以負向訊息回應你，如此惡性循環，你會一直覺得事事不如意，這也就是所謂的「吸引力法則」。

如果你能透過學習，選擇轉換心情，調整信念並採取正向、積極的行動，再壞的情況都可以逆轉。幾年前，在我人生低潮時，小產、父喪、學校要準備重要評鑑、同仁間缺乏合作默契等考驗全都強碰在一塊，一不小心，我就會陷入失落、恐懼甚至憤怒的情緒谷底，但我明白這樣的情緒會演變成我與家人、同事之間的對立，這些都是自我「無能為力」的表現。當負面情緒反應在我身體上時，就變成咳嗽、失眠、嘴破等癥狀，所以也慢慢意識到生病時不再能頭痛醫頭、腳痛醫腳，連醫師都會問我：「最近有沒有發生什麼事？」可見情緒對身體的影響有多麼大！

真心感謝，形勢逆轉

醫學博士楊定一曾說過：「當心中感到委屈與憤怒，只要真誠說謝謝，就能讓念頭歸零，遠離情緒與煩惱的框架；心中充滿感恩、關懷、慈悲時，心臟就會出現協調頻率，使心血管功能良好、神經系統處於平衡狀態。」

當你和同事起了爭執，不妨做個實驗，在內心真誠地向他說聲謝謝，謝謝一切環境讓你有了最好的養分與安排，一定會有神奇的感受出現。道謝的同時，你的心情會放鬆，原本的怒氣也會轉換成微笑，能量從對峙轉成互助合作，阻力也會變成希望，所以很多關卡也會在你說出感謝的瞬間迎刃而解。

學分29 掌握情緒方向，改變自我命運

愈感恩，生命愈有力

多年前暢銷書《祕密》所談的吸引力法則，至今仍是經典。書中提到：「你生命中所發生的一切，不管好壞，都是被你吸引來的，只要你發出意念，就會有能量，意念都會具體化為真實，你就是宇宙中吸引力最強的磁鐵，你可以用意念為自己創造生命，因此當你專注什麼，就會成為什麼，人最後都會成為他想要成為的樣子。」

也許你會反問：我工作不順，怎會是我自己吸引來的？當然是，因為你一直散發出怨天尤人、都是別人害你的信念，所以就會不斷吸引讓你不順遂的人事物。你若能夠轉個念，回頭感恩挫折，生命就會逆轉。

當我經歷二次流產後又懷了寶寶，懷孕四個月時，剛好潭美颱風來襲，可以不用挺著大肚子去參加研習。那次放颱風假，我內心突然湧現許多美好的感恩與感動，我很謝謝一路陪伴我的女兒、丈夫、醫生、婆婆與同事們，如果不是他們，我就無法幸運地踏上孕程。

當時我相信，是孩子的到來，讓我再度感受愛、希望、感謝、祝福、喜悅，這次的孕程讓我的心變得更柔軟，跟第一次胎死腹中面臨的裡外煎熬很不一樣。當我抱持感恩的心，我相信肚子裡的孩子同樣也會感受得到，兒子因此順利誕生，這也是吸引力法則的體現。

愈抱怨，衰事連連爆

抱怨是以恐懼的情緒出發，恐懼會讓你對生命感到厭倦，扼殺所有創造力與感恩。這份恐懼跟你過往處理某件事的經驗有關，很多人以為都過去了，不用多談，但那其實早就烙印在心裡深處，只是你可能忘了，等遇到了相關事件，傷痛會再次浮現。

例如，當我面對強勢主管時，經常不知所措，幾經探索後才發現這與我和母親間的關係有關，長久以來面對強勢母親，我被她的威嚴控制，我很害怕被她責罵與否定，但我卻始終不知如何回應，同時也養成了我後來面對強勢人物的慣性。

我是家中比較會念書的孩子，當年大學聯考失利，媽媽期盼我能重考卻又嚴格要求：「沒考好就試試看。」十多歲的我只好從澎湖背了包包，隻身來到陌生的台北K了一年書，那時全神貫注只想考取大學，沒有餘力去抱怨與害怕，現在回頭看，若我當時聚焦恐懼、自信不足再加上想家，我想負面情緒依舊會讓我考不上大學。

你聚焦什麼，就會成為什麼，所以你還要繼續抱怨嗎？

學分30 選擇情緒能量，學習擁抱快樂

相信每個人在面對困境時，都會想突破，以下我整理出一份「迎向好心情六大步驟」的問卷內容，引導你如何不被情緒綁架，進而做自己情緒主人兼最佳心理醫生。

步驟1——界定問題（看見、接受事實才不會恐懼）

Q：最近哪些事讓你靜不下心來？

1.親子教養／溝通 2.情緒管理 3.兩性相處 4.生涯選擇 5.身體疾病 6.人際相處

7.婆媳相處 8.職場壓力 9.經濟壓力 10.意外（如車禍） 11.不孕 12.老人照顧

13.夫妻相處 14.沒夢想、目標 15.其他

步驟2——覺察情緒（察覺是自我成長與療癒的開始）

Q：面對這些事情，我的心情如何？

1.委屈 2.壓力大 3.失落 4.生氣 5.自責 6.恐懼 7.沮喪 8.無助 9.猶豫

10.難過 11.逃避 12.痛苦 13.自卑 14.懷疑 15.害怕 16.其他

步驟3——了解內在想法（向內看自己，為自己的想法負責）

Q：可以問問自己哪些問題，有助於釐清心裡想達成的目標與現狀的落差，或心無法平靜的原因。

1.面對事情時，我常持有那些「負面的想法」，而讓自己處於痛苦的情境中？現在我將試著持有哪些正面的信念，幫助自己脫困？

2.在與人互動關係裡，我最在乎／放不下的是什麼？我將為自己做些什麼，讓自己的心好過，甚至快樂起來？

3.選擇安靜的環境，讓自己的心平靜下來，好好地傾聽內在的聲音，它正在向我訴說哪些內心的渴望與需求呢？

4.其他

步驟4——轉換心情（選擇好心情，創造好命運）

Q：我希望自己能做「哪些心情的轉換」來面對這些事？

1.歡樂　2.活在當下　3.苦中作樂　4.愛自己　5.同理心　6.有耐心　7.勇敢　8.知足

9.充滿愛　10.放鬆　11.寬恕　12.信任　13.祝福　14.不放棄　15.熱情

16.理性　17.自信　18.感謝　19.其他

步驟5——調整信念（培養正向信念，改變自我命運）

Q：面對這些事，哪些「正向的信念」對我而言很重要呢？

1. 找到生活目標，並活出自我存在價值。
2. 路是自己選擇的，就要自己走出來。
3. 人都會迷路，但能不能走出靠的就是「堅持」。
4. 家人是我最大咖的客戶，要「用心經營與珍惜」他們。
5. 只要我「有勇氣」用力去敲機會的門，幸運之神一定會幫助我。
6. 就算沒有人相信、肯定我，我仍然要相信、看重、不放棄我自己。
7. 生命的溫度來自於愛、溫柔、包容與理解。
8. 其他

步驟6——積極行動（知識不是力量，行動才是力量）

Q：我應該採取哪些具體的行動，讓自己在面對這些事的時候，心可以平靜下來，甚至喜悅起來？

1. 練習著想像挑戰成功的畫面。
2. 每天向身邊最愛的人說：「謝謝你，我愛你。」並給予深情擁抱。
3. 找一件自己最喜歡的事，用盡全力做到最好。
4. 每天睡前，「感恩自己與他人各三件事」。

5.找好友聊聊，釋放壓力。
6.從事休閒活動放鬆身心，如閱讀、旅行、看電影、唱歌跳舞等。
7.帶著同理心，好好和對方理性溝通。
8.放下心中「應該……一定要……」的想法，給自己多點彈性空間。
9.減少對他人的期待，降低因期待落空而引發負面情緒的機會。
10.回到初衷，找回最初的熱情與本意；堅持自己所想要的，並且勇於追求。
11.接近正向、開朗及充滿愛的人。
12.其他

結語：當我們面對生活困境時，不妨試著利用「迎向好心情六大步驟」好好看見自己的內在，並透過「轉換心情、調整信念、積極行動」，進而掌握好情緒，擁有好生活。

Chapter 7

人生一定要拚命？幽默一下更有意思

在追求「高職、高薪、高壽」時，別忘了「高興」才是我們最初的渴望！

歡樂分享家─徐鳳美

旭東教育訓練中心執行長
中華益師益友協會創會總監
優人勵活教育設計中心首席講師
中華華人講師聯盟海外義講老師
中華民國健言社講師養成培訓師
中華民國舞蹈養生瑜珈協會師資培訓專任講師

人生不僅要追求「三高」，更要「高興」過一生

民國七十七年台灣經濟達到高點，被形容為「台灣錢淹腳目」，紅極一時的台語歌「愛拚才會贏」傳唱大街小巷，這首歌頗能彰顯當時台灣人的思考邏輯：拚命工作、拚命賺錢、只要努力就會出頭天。但這首歌真是害慘很多人！因為被這首歌催眠，大家都以為人生非得要卯足全力才能成為贏家，拚了一輩子，回頭一看，赫然發現這樣的人生竟是誤會一場、白來一遭。

不少人認定人生就是為了追求「三高人生」而來：高職務、高薪水、高壽命，但「三高人生」常伴隨著另外「三高」：高血壓、高血糖、高血脂。如果這不是誤會，那什麼才是誤會？如果你有高職、高薪、高壽，卻天天不高興，這種人生是你要的嗎？

換個角度看，或許我們沒有高職、高薪、高壽，但每天都很高興，這樣開心的人生不就是我們所追求的嗎？所以，在追求「高職、高薪、高壽」時，別忘了「高興」才是我們最初的渴望。

危機就是轉機，開啟寬闊的人生

「創新工場」創辦人李開復（前Google全球副總裁和大中華區總裁），在其著作《我修的死亡學分》一書中提到，他每天工作十五、六個小時，在人生的路上始終奮鬥

不懈，學了很多、也得到很多，但顯然失去更多，包括健康。罹患淋巴癌後他體悟到，花了大半輩子的時間，用盡百分百力氣掙來的成就，不僅沒有帶給他真正的快樂，反而讓他變得更加貪婪地去追求所謂的「最大化影響力」，養病期間，他深刻感受到家人無盡的愛與陪伴所帶來的安心及愉悅感，是所謂「最大化影響力」無法給予的，他因而更懂得分辨什麼是真正有意義的、值得他奮力去追求的最終價值。

危機就是轉機，這場生死大病開啟了李開復另一個更開闊的人生。現在的他依舊會盡力投身工作，追求「高職、高薪、高壽」，但他知道在這些努力過程中要讓自己「高興」，唯有自己高興了，世界才是真的美好，生命才是真正圓滿。

或許你會說，這世界就是這樣在運轉，不努力、不奮力一搏，行嗎？聽起來頗有道理，但我常開玩笑說：「人類、人類，做人真的就是要累嗎？」如果不斷地拚搏已經是現代人的宿命，我們又該如何保有最初的渴望「高興」？這也是我在這一章想要跟你分享的關鍵：在你勞心勞力、疲憊不堪、突然不知自己為何所忙之際，你身邊一直有個好夥伴陪著你，只是你忘了回頭看看它，那就是「幽默感」。你忘了它很久、也忽視它很久，以為幹正事時讓它冒出來，未免不登大雅之堂，但幽默感就像維他命，沒有，還不打緊，有了它，你的人際關係、生命情調會更加順暢美麗。請試著喚回你這位親密的夥伴，陪伴你在這些努力拚搏的過程中，走得更輕鬆、更高興。

活化你的幽默感細胞，「高興」就會慢慢地滲透你的人生。有了幽默感陪伴，當你孜孜矻矻在追求成功的路上，就不會那麼緊繃，或者當你繃著臉時，幽默感可以緩和氣氛，讓笑聲蔓延在空氣裡，走急了、就停下腳步、然後再上路，這樣的節奏比一馬當先不停衝衝衝會獲得更多樂趣。直到有一天，當你邁向顛峰、奪得錦標時，才不會覺得自己為了交換成功而犧牲了許多幸福及美好。

用幽默正向面對人生的挑戰

生活豈能事事盡如人意？人生不免會有無奈、愁苦與悲傷，而「幽默」具有一股正能量，它能讓人以更豁達的心胸，面對生活中的挫折和壓力，用微笑面對人生中的挑戰，是一種迎向陽光的正向人生態度。

一位具有幽默感的人，通常能在人際互動過程中，製造出令人意想不到的驚奇「笑」果，讓大家感到輕鬆愉快，因此所到之處總是受人歡迎。有幽默感的人，通常個性上較樂觀開朗，思考上較能變通、有創意，能自我解嘲、輕鬆化解尷尬或壓力，也較容易在人群中受到矚目、獲得友誼，成為人際良好互動的最佳催化劑，也是現代人要高與過日子必備的生活技巧。

幽默本來一直就在我們身上，接下來請你跟著我一起學習「三心二意」五個學分，來喚醒沉睡中的幽默細胞，讓奮鬥的人生同時也可以充滿歡樂笑聲。

學分31 充滿熱能的自信心

幽默守則：自我解嘲勝過批評他人

自信心是幽默最重要的元素，我還沒看過缺乏自信的人幽默得起來，就算有，多半是嘲諷挖苦別人比較多，這就很難笑了。

愈有自信者，愈能自我解嘲

能否自我解嘲，可以看出一個人的幽默感是否足夠；換言之，愈能自我調侃，自信心就愈夠。魯迅說「禮教會吃人」，我說「形象會吃人」，什麼意思？通常我們很在乎自己某種形象時，也意味著我們很在乎別人的看法，這是缺乏自信的表現，幽默細胞自然較難開發。

素有「獨臂刀王」封號的王羽縱橫影壇半世紀，二〇一一年第四十八屆金馬獎，他與幾位年輕偶像明星角逐男配角獎，結果由「賽德克巴萊」飾演花岡一郎的徐詣帆奪得獎項，當鏡頭轉到王羽臉上時，他難掩落寞神情。典禮下半場，主辦單位安排他上台頒發終身成就紀念獎給導演丁善璽，當中風的王羽緩緩走上台時，那背影看來真是有點淒涼，但他一到台上站定後，開口就說：「我就知道中風有份，中獎一定沒份！」頓時全場肅穆尷尬的氣氛全笑開了！每位來賓都報以熱烈的掌聲向這位豁達的大俠致敬。

王羽的例子就是幽默經典。他自我調侃幽自己一默，馬上化劣勢為優勢，由原來的落難英雄馬上變成磊落大俠。大家真的會因為他沒得獎而否定或者遺忘他嗎？當然不會，而王羽之所以能夠在這種尷尬時刻自嘲，是有足夠自信才能做得到。

自信不足者，愈在意他人評價

同一年的金鐘獎，本土一哥龍劭華角逐最佳男主角獎項，在外界一致看好他會得獎的情況下，這隻煮熟的鴨子卻飛到年輕藝人潘瑋柏的手中，不只跌破大家的眼鏡，龍劭華更是錯愕；當被記者問到感受時，他氣到極點罵了一句：「我輸得不爽，這金鐘一文不值，是個大便！」大家原本還替龍劭華抱屈，但他的一席情緒話，反而讓大家覺得他的心胸不夠寬大、不懂提攜後進、不尊重專業……有些負面聲浪反而因此倒向他。

不過，你以為影帝潘瑋柏就好過嗎？錯！那段時間他在網路上被攻擊得很難聽，不外乎質疑他的演技。沒得獎的龍劭華不甘心，得獎的潘瑋柏也躲在家裡不開心。這些情形在我看來都是同一個問題：就是他們對自己不夠自信，才會這麼在乎別人的評價與批評；如果我們很清楚自己的價值，就不會像他們這樣反應，「力求完美」有時也是一種缺乏自信的呈現。

學分32

永保童稚的好奇心

幽默守則：關注生活就能收穫美好

幽默是「機智＋合宜＋反差」的串連

幽默是一種當下「機智＋合宜＋反差」的串連，「機智」是當下反應，「合宜」是符合當下人、事、時、地、物，「反差」是跳脫常態，「反差」可以透過故事、時事、情境、名人、名言等結合譬喻、假借、影射、連結等方法表現。所以發揮幽默感，是指在事件發生的當下，採用適合的譬喻（假借、影射、連結……）來完成要表達的幽默情境。

前台中市長胡志強是政治圈公認的幽默好手，他在《幽默一定強─胡志強的閃亮幽默學》一書中提到，他大女兒與小兒子相差七歲，當弟弟出生時，往日集三千寵愛在一身的女兒感覺地位受到威脅，於是問爸爸：「您比較愛我呢？還是比較愛弟弟？」胡志強指著自己的雙眼：「妳看爸爸的眼睛，妳覺得我會比較喜歡右邊的眼睛，還是比較喜歡左邊的眼睛？」貼切易懂的幽默譬喻，讓女兒會心一笑，安撫了她的憂慮。

博覽群書、常保好奇心能活化幽默細胞

這樣說來「幽默」好像很難？其實不難，幽默細胞活化程度多寡與你有多少內在涵養成正比。活化幽默細胞有兩種方法，一是博覽群書，像胡志強那樣可以旁徵博引；另一個方法是用心觀察生活周遭，若你能對生活保持好奇心，幽默細胞也能因而活化。

好奇心是一種本能，小孩子不就是對很多事情都會感到好奇嗎？只要我們對生活保持一種敏銳度，我們就能汲取足夠養分來活化幽默細胞。然而，現代人成天專心地像戰鬥機一樣衝、衝、衝，怎還有餘心去觀察生活細微處？說出來的話只有國事、公事、家事……，這些話題怎能產生趣味？試著回想一下，你平常除了低頭滑手機，眼睛都在看哪？試著把你的視線落回到身邊的人事物上頭，你會發現，原來有趣的事這麼多！

有一次我騎機車在台北市和平東路上跟在一輛公車後頭，公車後面都會標註駕駛員的名字，那位駕駛員叫做「朱庚來」，我跟著騎了一段後，突然大笑。

「我這隻豬，幹嘛一直乖乖跟在他後面呀？」我幽了自己一默，並且發了簡訊告訴朋友這件事，結果朋友回我：「豬是聰明的動物，不會跟在公車後面吸廢氣。」朋友的「影射」用得巧妙，讓我在路邊足足笑了三分鐘。幽默是一種機智的串連，如果要讓幽默觸鬚更加敏銳，就請你開始對生活培養感覺與感受，試著對所有事物都重新喚回孩童般的好奇，由好奇產生注意、注意產生記憶，記憶就能串連起生活裡的種種美好，轉化成為幽默的養分。

學分33

懷抱愛人的歡喜心

幽默守則：以愛為出發點，別把愛現當有趣

善用幽默製造愉悅、化解爭執

一個自私、冷漠、無情的人，幽默細胞鐵定被卡得死死，幽默指數當然也就被壓到谷底。幽默是要給人會心一笑的溫暖，讓人愉悅、歡喜、開心，幽默有若干成分是要取悅他人，試想一個人在戀愛時，為什麼每天都挖空心思地取悅對方？因為深愛對方，希望對方能夠開心快樂。所以，如果我們沒有一顆愛人的歡喜心，自然不會想花功夫用幽默去製造愉悅或者化解爭執。

有個社團在改選理監事時，過程劍拔弩張氣氛低迷，開票前需要有人監票，沒人想幫忙，後來請來該社團的前任幹部監票，這位幹部妙語如珠，一句話立即軟化雙方緊張狀態，引來全場會員爆笑。他講了什麼話？原來，當時馬來西亞正值二〇一三年大選，開票時好幾個計票中心突然停電，等到恢復供電後，原本落後的執政黨情勢突然逆轉，大幅領先在野黨，這事件還引發全球關注。這位幹部就以大馬事件開玩笑說：「要我監票可以，但要保證不能停電！」全

場的緊張氣氛突然鬆開，笑聲化開選舉的緊張，這就是幽默的力量。

我有一位男性友人非常愛他的女朋友，有一次我們三人一起聊天，他女友說得口沫橫飛，口水濺到友人臉上，友人本能地用手擦，女生就很生氣：「幹嘛？嫌我髒啊？」我那男性友人滿臉笑容說：「不是啦！我只是把它抹勻一點。」還有一次，他們大吵後，女生罵友人：「我怎會愛上你？你全身上下沒一個優點！」友人依然紳士地說：「我有優碘呀！都放在抽屜裡，沒有帶出來！」女生噗哧一笑，架也吵不起來了。我問友人為何不僅不生氣、還能幽默包容女友？友人回我：「因為我愛她呀！」

展現幽默需拿捏分寸，由衷希望別人開心

大家可能都有過一種經驗，在餐會席間總會有某個人狂講笑話，第一個及第二個笑話也許還好笑，第三個可能無感了，若此人仍自我感覺良好地繼續第四個、第五個一直講下去，那就會變得很無聊，甚至大家都覺得被疲勞轟炸，不舒服也不自在，這種人就不是幽默，因為他沒有顧及到別人的感受，也背離了愉悅、歡喜、開心的原則。

幽默要懂得拿捏分寸，把你對人的關心、交情深淺都要通盤考慮進去，絕對不是貿然出招，只顧展現自己。在展現幽默時要檢視自己幽默背後的動機，究竟是為了秀自己，還是真心希望別人開心？動機不同，呈現出來的幽默絕對會不同。

學分34

語言表達的創意

幽默守則：不作踐自己，也不傷害別人

語言表達愈順暢，幽默感愈能自然流露

呈現幽默感，有很大的比例來自語言，因此表達力很重要。你覺得東方人抑或西方人幽默？也許不能以偏概全，但我認為是西方人比較幽默。這倒不是說外國月亮比較圓，而是教育方式與價值觀不同。中華文化有五千多年歷史，是優勢也是包袱。我們常常會有四維八德等倫常思考，這樣就會有約束力；但西方比較傾向鼓勵孩子表達，不會有這麼多限制，這樣在語言的使用上，就會有很大的想像空間。

舉例來說，當小孩說錯話後，大人就會說「囝仔人有耳無嘴」，在叮嚀小孩講話要小心的同時，也等於否定了他們當下的表達，一次又一次的教育，當孩子懂得謹言慎行時，其實也等於束縛了很多想像力，幽默感怎麼出來？長大後，我們就深信不說不錯、多說多錯、再說就難過，乾脆不說了。這種思維主導的結果，語言就會僵硬不夠柔軟。唯有你的表達愈順暢、愈沒包袱，語言的

幽默感才更能自然流洩出來，語言的落差愈大，幽默的成分就愈高。

好的幽默表達力，能產生多重效益

旅美日籍職棒選手松井秀喜本來效力洋基隊，後來被釋出，天使隊進而延攬他。二〇一〇年三月，他首度代表天使隊出賽，天使隊老闆親臨現場觀賽。當天松井擊出一支全壘打，結果球飛出場外、落到停車場去了，還不偏不倚砸中天使隊老闆的愛車，擋風玻璃也因此而破裂了。記者問老闆，對於自己的車窗被松井砸裂有什麼看法？他的回答很妙，他說：「沒關係，反正那邊是我老婆坐的。」這個回答馬上引起現場一陣大笑，因為大家沒有預期天使隊老闆會這樣回答，跟記者的期待出現落差，所以有幽默感。如果天使隊老闆的回答是：「沒關係，我有保險」、「這才是強棒，錢沒白花」又或是「叫松井賠」，這些回答都在記者的預想內，自然就比較不會有幽默成分。

就上述事例我們假設記者接著問：「萬一夫人坐在旁邊呢？」如果天使隊老闆回答：「我老婆從不跟我來球場。」此回答在聽者的預想內，沒有幽默成分。如果天使隊老闆回答：「太好了！我早就想換老婆了！」此回答跳脫聽者的預想，具有幽默成分，但這個回答會傷害到天使隊老闆的老婆，所以它並不是一個好的幽默運用。天使隊老闆若這樣回答：「沒關係，反正我很習慣我老婆的叫聲。」這回答具有落差、又有幽默成分，還能凸顯夫妻幸福，也替松井解圍，一個好的幽默表達，是不是可以產生你無法預期的多重效益？

學分35 肢體活絡的快意

幽默守則：靜不如動，動不如笑

肢體愈開放的人，幽默細胞愈活躍

最近幾年，網路最夯的影片常常都是小狗小貓的萌樣，或是小嬰兒的逗趣行為，連電視新聞都趨之若鶩，把這些內容當成新聞，因為這跟肢體展現有關。如果幽默的表達力是透過語言，那麼幽默的表演力就是肢體了。

一個眉開眼笑的人和一位成天繃著撲克臉的人，何者的幽默細胞比較活躍？一個肢體充滿動力且開放的人，比較能夠展現幽默，還是肢體緊縮僵硬且封閉的人比較有幽默感？這個答案顯而易見的當然是肢體愈開放的人，幽默細胞愈活躍，因為肢體的延伸度，就是幽默細胞活躍的程度。幽默是一種外放的能量，當你肢體內縮，如何能夠與幽默連成一氣？

用開放、活絡、多變的肢體，展現絕佳幽默力

提到幽默人物，你會想到誰？是喜劇天王卓別林，還是一代幽默大師鮑伯・霍伯（Bob Hope）？或是好萊塢諧星金凱瑞、台灣的許效舜、香港的周星馳等？他們都是幽默的經典人物，我們可以從他們身上歸納出一個幽默人物的共同特質：這些幽默巨匠都是具有開放、活絡且多變的肢體語言。即使連蠟筆小新，都是透過露露屁股、濃眉大眼、憨憨的面孔，就讓人覺得很歡樂了。

當然，我不是要你平常上班時，沒事就像小新一樣裝萌，或者學金凱瑞的橡皮臉、抑或周星馳的無厘頭，但我們至少可以從笑容開始做起。空氣會汙染、情緒會感染、笑聲會傳染，透過笑聲我們可以舒放自己的身體，多笑就可以多活化肢體，這會像漣漪一樣影響身邊的人。

大陸有個著名主持人叫做高博，他的「笑話時間」都是透過肢體呈現幽默，許多短劇的肢體表演比例也很高，如果抽掉肢體、只剩語言，它的幽默喜感穿透力就沒那麼大，更別說卓別林的默劇完全不用語言，就能讓觀眾一目了然。你可以回頭看看自己的身體，有多少潛力被自己忽視、遺忘、擱置？燦爛的笑

容、真誠的眼神、開放的肢體、愉悅的聲音，都是活絡幽默細胞的基本元素。

最後我要強調，幽默不是目的，它是讓我們的人生更幸福、更快樂的重要方法，你可以緊繃心情度日，當然也可以選擇歡笑面對生活。如果你現在正處於拚搏的人生路上，不妨試試「三心二意」，將被你遺忘許久的幽默細胞重新活化起來，這會帶給你意想不到的收穫。

Chapter 8

作夢？就是要作夢！

去做你想做的任何事，人生沒有太多時間等待。人生是一連串的選擇，選擇什麼就經驗什麼。一個有夢想的人，睡都睡不著；一個沒有夢想的人，叫都叫不醒。

築夢樂學行動家—周素卿

中華華人講師聯盟講師認證講師
中華國際人文素質文教協會理事長

夢想是人生最佳的驅動力

對很多人來說，談夢想像是遙不可及的天方夜譚；如果對我投入十餘年的保險工作來講，提到夢想，也不怎麼合乎實際；但是，當我有機會重新回顧五十歲前的足跡時，我終於明白人生一路走來背後的驅動力，就是夢想，如果不是一個一個夢想在前方牽引著，我不會活出現在的自己。

我的原生家庭是宜蘭外澳的生意人家，但生父母已育有九個孩子，所以當母親發現又懷了我的時候，原想把我拿掉，但因為超過四個月，怕風險太大，因此只能勉強生下我，我的養父母當時也想收養女孩，我因此成了他們家的女兒。養父母待我如親生孩子，把我照顧得很好，但家庭經濟狀況並不好，所以我小學畢業後暫時放棄念書，開始工作，能賺多少就賺多少，希望幫家裡的經濟多少紓困一點。

在大哥的介紹下，我到台北飯店工作，從那時起，我除了白天工作，也希望有機會補回我的讀書夢，因此晚上就去上了補校，就此展開半工半讀的生活。雖然很辛苦，但是我每次看到自己賺的錢可以供給家人過好一點的生活，就覺得很安慰，後來舉家搬來台北，第一棟房子也是我咬牙撐下所購。

回想這一路，我覺得自己從很小的時候就養成了不輕易向命運低頭的個性，例如，沒法依照正常時間繼續升學，我可以後來再補上；沒法一下子賺很多錢，我可以努力兼差、跟會，用小錢理財換來多一些財富。這都是跟我一直不放棄人生的夢想有關。

今日為明日作準備，朝夢想跨出每一步

當時的夢想很簡單，希望有錢過好生活、希望孝敬父母、希望嫁個好丈夫、希望擁有圓滿的家庭、希望事業有成……其實就跟一般人沒兩樣。直到我踏入保險工作後，才更明白「今日要為明日作準備」，我們可以循著那個方向，當下穩健地朝著夢想並減低風險跨出每一步。二〇〇八年全球在金融海嘯重創下，外在看起來是經濟受到衝擊，但我的內心震盪起伏並不亞於金融世界的崩壞，這時我才意識到：工作成就有了，但我並不快樂！我對事情不再有動力，對人也不再有熱情，難道我累了？原本這是我引以為傲的工作領域，現在似乎不再是我想耕耘的園地。

我開始深思，究竟自己想要什麼？如果曾有的夢不再，那我有沒有別的夢想？後來我才慢慢覺察到自己對於旅行的渴望，特別是最近幾年，很希望有機會走出去看看這個大千世界。我想，這個轉折跟五十歲以前的我有關。

過去的我，從女兒到人妻、人母，我一直盡心盡力扮演好各種角色，人生上半場，我以照顧家人為優先，但人生下半場，我重新思考自己的人生定位，開始想為自己而活，因此我去上了身心靈課程，往內探索自己，也上了國際知名銷售大師金克拉的課

程，對於人生有了不一樣的體會。漸漸地，我學著放下很多事情，讓自己放空、歸零，大量學習成長，希望身心靈合一。

馬上行動是實踐圓夢的不二法門

我們被困在家庭、學校、社會、文化的期待中，這些期待變成了羈絆自己的枷鎖，我們也早已習慣壓抑自己真正的感覺，我們以為自己目前所做、所想，就是我們真正想要的，但其實那是自己被整個社會化過程馴服的結果。如果你覺得很難懂，那就請你觀察學齡前的孩子，他們總是在你不預期的情況下，光靠一個動作、一句簡單的反應，就能把你逗得哈哈笑？但對孩子來說，他們可從沒想要討好你，他們只是在表達自己。

那我們該如何找回被壓抑許久的深層自己？透過靜心、調節呼吸，可以重新與身體、心靈連結，你可以傾聽內在的聲音，清楚明白你想要什麼。聽你心想要，擇你心所愛，做你心想做，去你心想去；你如果真的渴望，馬上行動就是實踐圓夢的不二法門。

我們必須把夢想化為明確的目標，每天努力追求，並感受一點一滴達標的成就和快樂。有具體目標的人，擁有較高的生活滿意度，也容易從正面心態看待自己存在的價值，不要和別人比較，也不要活在別人的期待裡。找到屬於你的目標、喜好、生活方式，然後依此而活，做真正的你，聽從自己的內心，就能得到你想要得到的幸福。

學分36

自己就是創造力的源頭

找到內心深處的夢想，獲得人生前行的動力

當我回想人生最低潮、最困苦的時候，白天要上班，晚上要讀補校，而且不好意思讓同事知道，還得低調上學去。我得負擔家計，用標會來彌補白天工資的不足，就算有多餘的時間也要想辦法打工端盤子。看起來好像一年三百六十五天我都在為工作奔波，滿腦子除了賺錢、賺錢，還是賺錢，但那時救國團的活動非常吸引我，除了可以去旅行、遠離市區，由於參與的夥伴都是學生，那種氣氛也會讓我覺得自己就像在學校念書的高中生或大學生，因此寒暑假期間，我一定會排除萬難、積極排假，為的就是要參加救國團的登山健行活動。

直到最近，當我找到內心深處的夢想就是環遊世界，我終於與十多歲的自己重新連結起來，才因而驚覺我們的夢想，很容易因為人、事、物、環境限制而被壓垮。

回想年輕時參加的登山健行活動，看著雄偉的山林、壯闊的海洋，與眼前這

些豎立千年的青山比起來，我覺得自己真的很渺小；當我吸取清新的芬多精，我的內心充滿感恩與喜悅。原來與大自然接觸，真的能讓積累多時的壓力，瞬間消失無蹤。

年輕時，登山可以讓我找回力量，面對現實壓力；年過五十後，再度接觸自然，在旅行的路上，才明白原來我是如此喜愛自然，崇尚成為自由的旅行者。這顆愛玩的種子，早已在年輕時埋下，但我卻深埋之而不敢想像！

人因夢想而偉大，夢想因行動得以實現

一顆自由喜悅與充滿愛的心回歸大自然，享受屬於自己空間與時間的生活，一念之轉，當你全然體驗，你的「受苦」就會轉化為喜悅；而內心深處的喜悅，同時會帶給你物質的富足和精神的充實，並能點燃自己與他人的希望。來走一趟人生的歷程，實屬難得。如果生命是一趟旅程，我渴望走出去探險、學習、經驗這寶貴的歷程。我不知道我有多少的明天，但我相信我有無數個快樂、希望、精彩、豐富且有價值的今天。

而人類最高境界無中生有，就是創造想像力。相由心生，萬法唯心造。人類

因有夢想而偉大，夢想因有行動才得以實現。只要你敢想、敢要，就沒有什麼事做不到。一切都是自己創造力的源頭。

請你閉上眼睛想想：

小時候曾經有過什麼渴望？這份渴望會領著你一直往你真正想去的方向；為什麼這份渴望不再？是什麼因素造成的？這些因素有沒有辦法排除？現在有沒有任何機會與條件，能與你的渴望連結？

學分37 你選擇什麼，就會經驗什麼

只要你作出選擇，就代表這是你想要的

我有一位朋友經營人力銀行，他育有二女，家庭負擔不小，目前的工作雖然可以糊口，但他也陷入「究竟是否該轉換跑道」或者該如何多掙些錢的思考中。因為我目前在經營旅遊平台，他對這份合作有很大的期待，希望可以一邊工作、一邊透過旅遊帶小孩環遊世界。

這位朋友陷入一種「二擇一」的兩難困境，他一直把「什麼是正確的選擇」當成問題，所以耗費許多時間尋找一個正確答案。當然，他的狀況也不過是我們多數人的縮影。

我們一路所受的教育，常常都在提醒我們要作出正確的選擇：國中考高中，要選填正確的志願；高中考大學，要選擇好的學校、有前景的科系；出了社會，要找對的工作、有前途的工作；論及婚嫁，要找對的另一半；生涯要有正確的規畫……我們謹慎地把正確選擇奉為圭臬，就怕稍有個閃失便誤入歧途，陷入萬劫不復的狀態。但走岔了一個路口，真有這麼嚴重？我們往往因為預設

了選擇失誤可能帶來可怕的後果，反導致我們裹足不前、游移不定，白白浪費美好生命。

在此，我想導正一個觀念，也請你記下來：任何選擇都是正確的，因為你不可能明知道這是錯的，卻還要選擇；既然你選擇了，就代表此刻你是對的、這是你要的，當你往前走到下一步，才會知道自己上一刻選擇的意義是什麼。如果你對人生不滿意，沒有關係，你可以改變它，因為你可以重新作選擇，這條路絕對不是不可逆的單向。

比方說，我沒辦法選擇自己的親生父母與養父母，這是我無法改變的命運，但我可以選擇用感恩的心態，謝謝親生父母把我生下來，如果他們因為害怕養不起而放棄我，就不會有今天的我；當我來到另一個家庭生活成長，養父母都很疼愛我，讓我學習獨立，長大後我也非常願意為他們付出、回饋他們，彼此之間有源源不絕的愛，這樣的生命歷程使我感受特別深刻。

換另一個角度思考，如果我一直聚焦在親生父母為何不要我？為何養父母無法供我上學、年幼時就要出來打工？如果我老用負面的心態看待自己的命運，那麼我就會讓自己陷入被害被迫的狀態，因為一切都是別人的錯，是他們的決定造就今日的我，這樣我還能說什麼？但我若能採取正向積極的態度，來面對這些既定的事實，我的命運就可以被改變，所以事情並沒有絕對的是非對錯，而是你如何看待自己走過的每一步。

再說一個故事，一頭馬和一頭驢，聽說唐僧要去西天取經，驢覺得此行困難重重，想都不想便放棄了，而馬卻選擇立刻追隨唐僧而去。經過九九八十一難，取回真經。

驢問馬：「兄弟，這一趟是不是很辛苦啊？」馬說：「其實在我去西天的這段時間，你走的路一點也不比我少，而且還被矇住眼睛，被人抽打。其實，我是怕混日子更累。真正的累，來自內心的無知與迷茫。」

擇你所愛，愛你所擇

人會迷茫，是因為離開目標，不知道要做什麼？

人會痛苦，是因為離開感恩，不知道要去哪裡？

銷售大師金克拉（Zig Ziglar）曾說過：「去你想去的地方，就會有動力；做你想做的事，就會有熱情；成為你想當的人，才會有價值。」一個人對生命有動力、有熱情、有價值，就會有目標去你想去的地方、做你想做的事、成為你想當的人。擇你所愛，愛你所擇。

人生之所以精彩，是因為願意全然的接受一切。生命之所以可貴，是願意尊重一切的生命，不去拒絕逃避生活帶來的任何一種可能性，能坦然的面對接受，才是對待生活最好的方式。就像天氣，陽光中，也會風雲變色，雷電交加，狂風暴雨，我們也要隨時面對接受應變。當我們回頭看時，甚至還會感到慶幸，慶幸自己所有的經歷，成就了一個意想不到的自己。

學分38 好奇心，是生命的驅動力

對世界充滿好奇，把握機會創造價值

打從我決定為家裡扛下部分家計時，我從鄉下診所、紡織廠開始工作，然後上台北繼續邊念書、邊賺錢，老家的第一台電視就是我把工資存下來買的；為了資金周轉，我也不只一次當會頭起會，很多大哥大姊也都熱心跟會，讓我一路走來頗為順利，慢慢幫家裡擺脫經濟拮据的狀況。

或許你會很憐惜當年的我，但你也可以用一種好奇的眼光來認識一個小女孩究竟有什麼能耐，可以把一個看似貧瘠無依的生命，創造出如此豐美的物質成就？這是一種生命的韌性，當然也跟我不輕易低頭的個性有關，更重要的是，我對這世界總是充滿好奇，有了好奇心驅使，什麼事情我就都願意嘗試。當時我對工作有好奇心、對念書也有熱忱、也期待家中經濟狀況改善，就是這些期許推動著我往前進。

我深信我只能經過這世界一次，因此任何我好奇的事、可以做的好事，或可以施予人們的善舉，我會毫不猶豫地馬上落實。我也深信，每一個今天都是全

新的開始，我可以任意揮霍或好好地善用，當明天到來時，今天將如流水般一去不回，留下的只是我所換取到的。因此我總是對自己許下承諾：今天將會有大收獲！用正面積極態度迎向每一天，如此為生命付出才是最有價值的。誰善於學習，誰善於迅速改變自己，誰就可以把握更多機會，創造更多財富。

你唯一的優勢，是比對手學得更快、更多、更好

有甲和乙兩個村莊，甲村很富裕，教育水準很高，原本乙村很貧窮，後來去向甲村學習後發達，反而超越了甲村，結果甲村沒落了。甲村不進步而死，乙村學習改變、不安於現狀。我們可以想想幾個問題：甲村怎麼了？乙村怎麼了？這個故事讓你聯想到真實世界中的何種例子？你有什麼感想？

《第五項修煉》一書作者彼得．聖吉（Peter M. Senge）說：「在這個時代，你唯一的競爭優勢，就是比你的競爭對手學習得更快，更多，更好。」因此，當你不讓自己加速，自然就會落於人後。變，是亙古不變的真理，你想要有更多的收入、更好的健康、更和諧的人際關係、更快樂的人生，就要充滿喜悅和好奇心去成長改變，而不是墨守成規留在原地踏步。

請你閉上眼睛想想：

你對什麼事情感到好奇？

什麼是精彩人生？

遇到問題時，你會怎麼處理？是關起門來自己解決，或是找人幫忙？

到目前為止，你覺得還有什麼事情想做而沒做？

如果今天是人生最後一天，你想做什麼事？

學分39 做你想做的任何事，人生沒有太多時間等待

積極行動為人生開啟另一扇窗

二〇一四年有則新聞報導，澳洲有一名九十四歲的老太太戴維（Marjorie Davey）為了一圓大學夢，被某所大學的英語系和歷史系錄取，戴維跟孫女當起同學，一起成為大學新鮮人。如果這位奶奶是你的同學，你會怎麼看待？我們常說人因夢想而偉大，一個有夢的人，每天都會很精彩；反之，沒有夢的人就會像行屍走肉，人生黯淡無光。這些把自己生命過得黯淡失意的人，在過往的保險從業生涯中，我看過太多人在生病後或者臨終前，對一生充滿遺憾，遺憾自己為何沒有及時一圓夢想！

我是個行動力很強的人，當時頂著高中學歷想直接攻讀碩士，機會理應微乎其微，但我仍鼓起勇氣把簡歷寄到遠距離教學在台中心面試，結果學校認為我的經歷與企圖心不亞於大學畢業生，碩士班就這樣為我破例開了大門，讓我苦讀一年半後拿到碩士學位。念了碩士以後，為我的人生開啟了另一扇窗，我也開始思考人生的下半場該如何走。五十歲以前，我是女兒、妻子與母親；五十

歲以後，我想開始過「周素卿」的人生，因此我決定投入公益、環遊世界，體驗不同的人生。

不要輕易放手，直到你的夢想到手

人們為了生活、工作、家庭及種種因素所帶來的壓力，已經沒有辦法真正做自己想做的事。就像我跟別人分享我的夢想就是環遊世界，大多數人的眼光充滿羨慕與憧憬，其實這也是大多數人心中的夢想，但是他們卻不敢想、也覺得不可能，甚至害怕改變所帶來的不習慣，所以選擇留在原地等待，等存夠錢、等小孩長大、等有時間、等退休……。我有一個朋友拚命賺錢、存錢，就是想等到老年的時候既有時間也較無牽無掛，再去環遊世界，但是他的身體卻因勞累而倒下，最後遺憾終生。

根據專家調查，大多數人在臨終時，都後悔沒有實現夢想。假如人生能夠重來，一定要把握機會做自己想做的事。生活就是這樣，你所做的一切不可能盡如人意，千萬不要為了討好別人而失去自己的本性，因為每個人都有原則和自尊。別人口中的你，都不是真實的你。一樣的眼睛，不一樣的看法；一樣的嘴巴，不一樣的說法；一樣的心，不一樣的想法；一樣的錢，不一樣的花法；一樣的人們，不一樣的活法！所以，請回到自己，過自己真正想要的人生。

正面的思想會帶來正面的行動力，一個人如何想就會如何做，最後就會成為怎樣的人。夢想從改變開始，或許有時候只能盡力，但你能決定自己的態度！一個人要實現夢想，最重要的是必須具備勇氣和行動。你要慶幸自己就在實現夢想的道路上，因為那些沒有夢想的人，只能拿自己的時間來見證別人的夢想成真。

人因夢想而忙碌，但可不要因為忙碌而忘了夢想，並且記得不放手，直到夢想到手。

學分40 走過，必留下痕跡

智者在逆境中將阻力化為養分

宇宙不變的定律是：「你做了什麼，就會得到什麼；你付出什麼，最後一定會回到你身上。」也許你會懷疑真是這樣嗎？上司對我不公平，同事只會靠一張嘴混時間，偏偏我很認真卻不被看重，我努力工作根本看不到回饋，我做了這麼多，也沒得到什麼對我是好的，宇宙定律根本不公平！

每個人都希望被老天爺眷顧，問題是，你是否能理直氣壯地接受？有的人內心匱乏，沒有價值，就算好機運來了，也會因為對自己有所遲疑而錯過。

不要急於一時看到你想要的結果，也別被眼前的狀況給侷限了，以為這就是定局。想要等老天爺回饋，也需要一些時間；若逆境先和你相遇，回饋卻一直沒出現，這就是考驗你功力與定性的時候。有智慧的人會在逆境中把阻力化為養分，而不是杵在原地、怨天尤人，你一定要相信，走過的路必會留下痕跡，這些都是你未來人生的重要過程，缺一不可。若能如此轉念，再多挫折，你都能夠迎上面對。

我有一個朋友長期透過世界展望會認養孤兒，在人生走到最窮愁潦倒時，仍沒放棄固定捐一筆錢給展望會，希望能繼續照顧孩子，後來孩子寫了封感謝信給他，謝謝他多年來的支持與照顧。這封謝函發揮很大的鼓舞，讓我朋友從谷底彈回人間。從他的經歷，就會明白人不可被眼前的困境綁住，很多你看不到的事情仍在繼續進行中，只要你能持續抱著一顆助人的心，這些正向力量都會回到你身上。

人生隨時有備案，才能安然度過困境

那麼還有沒有更周全的方法，可以讓逆境少一點、穩當一些？這就跟你在順境時能否未雨綢繆有關。順境時要懂得未雨綢繆。平常要學習第二專長，備而不用，好比一般人的車子上都會放備胎，就是為了預防萬一，否則輪胎破了怎麼辦？人生也是如此，隨時要有備案，假設面臨被裁員的狀況，第二專長可以幫你避免措手不及的窘境，被裁員的壓力也不會這麼大。

包括我在內，每一個人當然都希望被老天爺眷顧。然而關鍵不是老天爺要不要眷顧你，而是問你敢不敢跟祂要？若你內心有匱乏、覺得自己沒有價值，就算老天爺要給你，你也不敢要。不妨問問自己，是渴望大於恐懼？還是恐懼大於渴望？如果恐懼大於渴望，當然就不會有機會圓夢。有人說，一個有夢想的人，睡都睡不著；一個沒有夢想的人，叫都叫不醒。夢想是生命的燃料，如果你還沒有找到啟動人生的燃料，趕快去找找看，每個人都有，就看你知不知道如何運用。

第三篇

幸福存摺，圓夢人生

人生本如夢，

要學會看淡一切、珍惜此刻擁有的幸福；

經常懷抱信心，相信希望就在前方。

唯有時時反思自己，心才會安定，

生活也會跟著安定，人生一定平安幸福。

Chapter 9

理財，不只是有錢人的事

賺錢要用心，花錢別貪心，存錢需耐心，投資靠細心。

理財實踐家──**趙婉伶**

中華華人講師聯盟認證講師
中華多元學習發展協會卓越講師
國際青年商會暨中華健言社專業講師
二〇一五年中國十大最具價值培訓師
台北市企管公會認證專業顧問
蒂娜美妍SPA養生館負責人
公司、社團活動節目主持人

妥善理財，完成人生夢想

很多人以為理財是有錢人才需要了解的事，其實理財已是現代社會不可或缺的一項基本能力。不論你現在是富有還是負債，每個人的能力、資源都是有限的，如何運用有限的時間及金錢實現生活夢想，應該是每個人都要學習並加以實踐的目標。

「理財」的終極目標不只是追求錢財數字的累積，而是透過善用財務規劃技巧，讓你能夠計畫性地完成人生旅途不同階段的夢想，使自己早日達到財務自由、活出有品質的彩色人生，這才是理財規劃的意義，也才能發揮財富真正的價值。

做好準備，規劃財務藍圖

物價年年上漲，你是否常常覺得自己的收入、加薪的幅度總是跟不上物價上漲的速度？到了發薪日的前幾天，覺得日子特別難熬？我常常聽到做生意的朋友說，月底客人光顧的能力跟月初差很多，月初通常消費比較乾脆，月底就比較容易精打細算。

現代商業行為與行銷手法推陳出新，「先享受後付費」及「借錢是高尚行為」不僅是鼓勵消費、甚至借貸的廣告詞，聽久了以後，似乎也理所當然，跟過去相較之下，現代人因而產生更多無預期的過度消費，若是入不敷出又不重視個人信用，一味地以卡養卡、以債養債，這不僅是個人的理財問題，嚴重的話，也會造成社會金融糾紛，二〇〇五年台灣爆發的卡債風暴，就是在這種理財價值觀下衍生出來的嚴重後果。

過去，台灣普遍不重視個人理財規劃教育，導致一般人缺乏財務規劃觀念，有些人更因不善理財而造成生活窘境，讓自己長期受到財務問題的困擾；很多家庭也因在婚前沒做好理財規劃，當兒女一出生就陷入家庭經濟紛爭，即使再恩愛的夫妻，也有可能因財務問題而勞燕分飛；還有一部分族群雖已成家立業，卻還是一如既往地向家人尋求經濟協助，習慣停留在未成年依賴家人的心態中；而大家透過新聞也很熟悉所謂的「啃老族」、「月光族」，都是欠缺理財觀念的寫照。我希望透過這五個學分的分享，協助你提早做好準備，就此開始規劃自己的財務藍圖。

日日記帳，練就財務管理技巧

我從國中開始養成記帳以及財務管理技巧的磨練，這與我的家庭環境有關。從小我就目睹父母親因為財務問題爭執不休，當時我很不能諒解為何爸媽會為錢吵架。父親向來重義氣，對朋友總是慷慨解囊，母親為了讓父親以家庭為主，別因在外花費太多而影響經濟狀況，於是從我國中開始，母親就要身為長女的我擔負家中開銷的記帳工作。當時那本記帳簿只是很簡單的收支格式，卻也因此養成我到現在仍日日記帳的好習慣。

後來父親有一陣子肝功能出了蠻嚴重的問題，住院休養好長一段時間，看到母親蠟燭兩頭燒，我每天下課就幫忙照顧弟弟妹妹，並協助母親經營生意、穩定家中經濟狀況，也從此及早養成獨立成熟的理財觀。回想那段時間父母生意上合作的夥伴擔心父親生病影響生意獲利，陸續退出合作，我得與母親想盡辦法維繫家庭經濟、扛下家中經營生意那段不穩定的日子，雖然很難熬，卻也培養出我開源節流的好習慣。這些年我經常獨自出差往返兩岸三地，從經營藝品石雕、房地產投資、珠寶鐘錶到美容SPA養生館等，由基層員工努力到晉升高階主管，在奔波環境中成長，練就了比同年齡成熟獨立的個性及良好的財務管理技巧。

累積到人生第一桶金後，我開始操作外匯及投資基金、債券，過程中也付出過慘痛的代價，我當成繳學費，從中培養出精準的財務管理技巧，也幫助許多朋友提早規劃完善的理財方案，從零開始快速躍升為理財達人，把資金投資在適當的地方，讓他們少走點冤枉路、也少繳些「學費」，順利完成人生夢想，這在我人生旅途中，是一種不同於經營事業的另類成就感。

我希望接下來的五個學分，能帶給你具體提升財務的管理技巧，同時擁有正確的理財概念，為人生不同階段提早開始規劃，並且在生活中落實以正財累積自己的財富、用記帳檢視自己的財務管理；養成習慣做到減少支出、增加收入、精準投資，只要目標設定加上時間規劃以及持之以恆的行動力，讓你擁有不一樣的人生。

學分41 不善理財，怎麼辦？

只要一講到理財，有不少學員都會問我：「婉伶老師，我不善理財怎麼辦？理財是不是要有天賦？」「賺的錢都不夠花了，如何理財？」你可以檢視自己跟身邊的親朋好友是否有以上這些問題？

正所謂「換個金腦袋，打造深口袋」，面對理財的態度與觀念決定了你的口袋深度。

累積財富，建立穩固長遠的理財規劃

理財的第一步先從改變觀念開始。先有腳踏實地的理念，要盡力讓自己當一個被金錢所喜歡的人，心態塑造你的未來，一個人在心中栽培什麼樣的思想，就會有什麼樣的收穫，所謂「種瓜得瓜、種豆得豆」，因此，第一步要立下堅定的決心，為自己創造一個豐盛的人生，才能真正促使自己去達成一個又一個目標。寧願辛苦一陣子，也不要辛苦一輩子！只要建立正確的價值觀，並及早學習個人財務規劃，絕對可以實現自己理想中的生活。

現在高齡化、少子化時代來臨，只靠薪水及社會福利是絕對不夠的，為了讓財富逐漸累積，架構穩固又長遠的理財規劃是必要的。所謂萬丈高樓平地起，理財規劃猶如工程設計藍圖，是整體財務工程不可或缺的一環，為了早日達到財務自由、活出有品質的彩色人生，我們在每個階段都要有不同的規劃，大原則有以下三點：

1、理財規劃愈早開始愈好：

由下表可知，月存三千元用百分之十的年報酬率算，分別存二十年及三十年，兩者差了三百八十六萬。月存三千元及月存四千五百元，三十年後以百分之十的報酬率來看，也差了兩百九十六萬，所以透過時間的累積，每月持之以恆存得愈久金額愈多，那麼財富累積的效果也就愈大。

2、理財工具選擇很重要：理財工具非常多，如何挑選是一大學問，常見的理財工具包括：基金、保險、房

年報酬率	每月存 3,000 元存 20 年	每月存 3,000 元存 30 年	每月存 4,500 元存 20 年	每月存 4,500 元存 30 年
0%	72 萬 0000 元	108 萬 0000 元	108 萬 0000 元	162 萬 0000 元
5%	119 萬 0347 元	239 萬 1798 元	178 萬 5561 元	358 萬 2697 元
10%	206 萬 1899 元	592 萬 1784 元	309 萬 2849 元	888 萬 2677 元

地產、外幣、黃金、股票及古董等，但不同的理財工具也代表不同的報酬與風險，在投資之前一定要多思考勤做功課慎選標的，才能穩健獲利。

3、穩定規律的投資：如同巴菲特的理財哲學：「人生就像雪球，最重要的是找到濕漉漉的雪，以及夠長的山坡。」對於大多數沒時間對股票充分研究的投資人而言，定期定額基金及房地產投資都是不錯的選擇，透過時間的累積，不但穩定性高，也可為自己累積一筆資金。

理財的重要觀念在於不要期待一步登天，透過精準理財、穩健獲利的心態，逐年累積正報酬、減少虧損，長期下來絕對可以讓自己及家人更幸福快樂，提早過個有尊嚴、有品質的退休生活。

學分42 靠正財累積財富，從記帳找出病因

靈活運用資金，賺入第一桶金

談理財規劃，千萬不要投機取巧，錢人人都愛，但要賺得扎扎實實、取之有道，累積財富還是要從正財開始。所謂正財，就是你的固定收入，也是財富中最重要的基礎。正財是一條穩定累積自己財富之路，如果認真增加固定收入、勤奮記帳，就有機會加速擁有第一桶金，配合資金的靈活運用下，未來才能愈滾愈多桶金。

除了靠正財累積財富，更要想辦法幫自己加薪，每月設法多增加一些收入。根據人力銀行調查，目前有三成上班族加入外包接案的市場，在各大人力銀行網站或外包網，都可以找到兼差的機會，除了增加收入，也可以增加工作歷練，只要有專長、夠勤快，就算本業加薪難，也可以多一份收入。例如藝人佩甄，她初入職場從薪水微薄的節目企劃開始做起，週末就去當家教，每個小時賺六百元，偶爾再接點歌詞或產品簡介的翻譯案件，後來因朋友介紹接了五千元報酬的外景特派工作，才逐漸走紅。有正財機會就把握的佩甄，在二十六歲

時就存到她人生的第一桶金，這跟她把握機會，掌握理財觀念的態度是息息相關的。

每日勤記帳，做好收支管理

從正財累積財富之餘，還要養成每日記帳的習慣。學習收支管理是每個人盤點財務的基本功，記帳是做好收支管理最重要的一步，收支出了問題也可以從帳本看出端倪，因為記帳就像是你的財務醫生，可以診斷出你的財務病因在哪兒？我十三歲時，母親就要我記全家的帳，她說從帳本就能看出家中資金流向；時至今日，我不論經營何種行業，都沒有中斷這個好習慣，無論再怎麼忙碌，每晚睡前也要花十分鐘記下當天的收支及總結。

記帳不是一件很困難的事，包括以理財聞名的藝人侯昌明都有記帳的好習慣。他習慣收集發票和收據，早上出門先檢查自己的皮包有多少錢，這樣可以方便晚上睡前記帳，他還有一套獨門的「情境式回憶法」，就是依照每天從早到晚的行程順序，回想人、事、時、地、物的花錢細節，來協助自己記帳，現在更可以透過記帳ＡＰＰ，利用內建的圖表來控管預算，找出花費漏洞。

記帳不是一本流水帳，利用歸納分析才能發揮記帳的價值，先將食、衣、住、行、育樂或其他項目分門別類，判斷哪些花費是緊急的、哪些花費可有可無，再定期分析各分類支出的占比，檢討非必要支出、盤點資金流向，才能有效控管薪水，做自己荷包的主人。

學分43 大錢天注定，小錢靠規劃

養成控管資金習慣，不讓財務陷入窘境

大富由天，小富靠儉，既然不能控制大環境的投資風險，至少先控制我們的支出習慣。財富管理技巧最重要的是先養成資金控管的良好習慣，才能進一步了解各種理財工具。我身邊有些朋友在入不敷出的情況下還以卡養卡、以債養債，很可惜他們幾乎都是因為優先順序出了問題，才讓財務陷入窘境。

既然我們不是含著金湯匙出生，就得靠自己的勤儉累積小錢變大錢，養成每時每刻都有儲蓄的概念，習慣存下手中每一分不需浪費的資金，讓你積沙成塔、積少成多。不管你在人生中的哪個階段，建議要為自己的收入做合理規劃。理財大原則是「收入－儲蓄＝支出」，每月薪水扣掉儲蓄及固定花費配置支出，才能掌控一年可以儲蓄累積多少資金。我建議可以利用不同帳戶來管理每個月的薪水，家用、存款、投資可以分開在三個帳戶裡，透過分類知道哪些資金可以動用，並分配優先順位要做的事。

一、**家用方面：**先抓出固定開銷，如房貸、保險費、電話費、水電瓦斯等，

再列出變動開銷，如飲食、娛樂費、醫療費等，嚴控上限，專款專用。

二、**投資方面：**先把債務清償完畢，「先理債再理財」，把要繳利息的債務還清後，才能減輕負擔，接著再規劃長期投資項目，如全球型的定期定額基金，最後是短期目標準備，如買房的頭期款、父母孝養金、子女教育費、醫療儲備金等。

三、**天有不測風雲，月有陰晴圓缺**。你的存款最好要累積半年家用的安全水位，如果暫時沒有收入，至少可以撐半年不愁吃穿才是上策。透過未雨綢繆讓自己加速達到零存整取的方式，再展開投資的計畫。

只要先訂下目標，有計畫地行動，配合適時安排犒賞自己的休閒計畫，讓整個規畫不至於太單調乏味，加上定期檢討達成率，如此循序漸進，久而久之會讓你有意想不到的收穫，也漸漸愛上理財的樂趣。許多理財成功者，都是這樣腳踏實地穩健地達成目標，期盼你就是下一個成功者。

主播夫妻岑永康和張珮珊透過每月收入精準配比，有閒錢一定存下來多繳房貸，絕不會超支消費，他倆特地把上班時間分開，一個早班、一個晚班，就是為了省去三萬塊保母的費用，孩子自己帶，上班騎腳踏車，每月省一萬元計程車費，購買東西都挑特價品，出國也都選淡季，透過節流，可以快速累積資金，在夫妻兩人共同努力下，五年就還清房貸四百萬元，這方式不僅強迫自己把房貸提早繳清，回頭看才發現已累積了一大筆資金在手，不是一舉兩得嗎？

學分44 領固定薪，如何靈活增值？

了解投資工具，做好理財規劃

市面上的理財工具很多，要能多元的增加收入，必須學習了解不同的投資工具與可行性。提醒各位在投資之前，先問自己在哪個戰場最具優勢？

保險是理財規劃不可或缺的一環，除了面對風險時能有所準備，也同時具有退休養老、財富傳承的功能，不過保險不需要一次做足，先從低保費、高保障的險種為主，例如意外險、定期壽險與實支實付的醫療險，而後隨著收入增加，再逐步規劃重大疾病、長期看護險等，並提高壽險與意外險的保障。

定期定額基金也是固定薪可考慮的理財工具，每個月買入固定金額、強迫儲蓄，讓薪水用在更有效的增值上；基金配比可以全球股票型與債券型基金為主，不要特別去選單一市場或表現不穩的基金，因為產業景氣循環很難拿捏。我也有幾筆用美元買的定期定額基金曾在海嘯時差點滅頂，但是隨著時間累積都慢慢回溫了，現在獲益還不錯。

很多領固定薪的人都反應「現在房價太高，怎麼買得起？我用租的較沒壓力」。於是幾乎都選擇在市區內租屋，交通機能與屋況好的，一個月的租金要一萬二到一萬五，屋況差的最低也要八千多元，一年十幾萬就這樣白白出去了，無法幫自己把財富累積下來；如果把這筆資金存在自己的房子裡，就能讓你財富倍增。當然首先要選對地段，才能賺到房子增值財，例如在未來捷運預定地，或政府都市計畫的地方找尋標的，新北市有些地方目前交通尚在規劃中，還有很多成長空間，未來幾年後交通便利就會水漲船高。

當然還要多方比較，建議可先選零公設的中古屋，往後如果又剛好是大樓建案預定地，那麼就恭喜你馬上成為地主戶，一輩子一次就足以幫自己補足財庫了。你選對地段將頭期款付清，透過寬限期只要月繳七、八千，就可以擁有一間屬於自己的房子，加上政府對首購族有特別的照顧，別放棄了這項可以間接讓你薪水倍增致富的利多。

左頁表格是我親朋好友用租金繳房貸省下的費用及賺取房價增值的例子：

【例證一】新莊總坪數四十點三坪，總價六百五十五萬，頭期款一百萬，貸款五百五十五萬，那時剛好遇到青年成家首兩年免繳息，每年省下十三萬二千元的租金，第三年申請寬限期，只繳利息不繳本金的方式，每個月也只

房產地點	購買坪數與總價	頭期款與貸款金額	當時平均租金	每月繳房貸金額（含寬限期）	現況增值	每年省下租金
永和 93 年購屋	35 坪 588 萬	118 萬 470 萬	15,000 元	7,800 元	99 年出售 淨賺 510 萬	86,400 元
樹林 99 年購屋	27 坪 486 萬	70 萬 416 萬	8,500 元	6,900 元	漲 150 萬	19,200 元
新莊 103 年購屋	40.3 坪 655 萬	100 萬 555 萬	11,000 元	青年成家 首兩年免息 第三年 8,850 元	漲 445 萬	首兩年 132,000 元 第三年 25,800 元

需付八千八百五十元的房貸，就有屬於自己的「起家厝」，短短兩年總價已經漲幅四百四十五萬，自住也能投資。建議首購先不用把條件設定太高，先擁有一間屬於自己的房產，等房價上漲再用小屋換大屋，這種強迫繳房貸的方式對固定薪很實用，也能夠更有效率地累積你的財富。

【例證二】永和總坪數三十五坪，總價五百八十八萬，頭期款一百一十八萬，貸款四百七十萬，前三年申請寬限期每個月房貸只要繳七千八百元，就可入住每月租金一萬五千元的電梯大樓，民國九九年出售就淨賺五百一十萬元，且前三年也省去租金近二十六萬，六年的時間讓你資產倍增。這樣就有五百一十萬的資產，可進一步運用投資。

學分45 掌握投資三要訣，你也可以圓夢

每個人都是自己最佳的財政部長，投資前要做好規劃，評估自己的財務狀況，千萬別認為投資就一定會累積財富，這需要多思考、慎選、計劃。我分享投資三個要訣，希望大家在投資上少繞彎路、少繳學費，順利完成人生夢想。

要訣一：預設風險、把握機會

投資一定有風險，所謂預設風險就是要忖度自己的口袋有多深、嘴巴有多大，到底可以吃下多少東西？即使飯再好吃，我們吞不下也沒有意義。當投資風險很大時，你究竟有多少能耐可以奮力一搏？所以，我認為應該要在可以接受的風險範圍內設定符合自己的目標，如果預設最壞的打算都還扛得下來，就勇敢去執行！換句話說，預設風險也是預設一個停損點。幾年前我幫家人操作外匯，當時澳幣及美元的匯率有半年多幾乎是一比一，我經過審慎評估、反覆思考，把握機會毅然決定把全部澳幣換成美元，因為我認為美元的後勢看漲，時至今日，美元的幣值已超過澳幣百分之二十八了。

要訣二：檢討得失、吸取教訓

我的理財投資也經歷過失敗與錯誤，我對自己很嚴格，每一次都會打破砂鍋問到底，用高標準評估自己到底是哪一步失策？馬雲曾說：「人生的經驗與能力，是從犯錯誤吃苦頭，長時間累積經驗得來的，實踐出真知！也就是說沒經驗的打十槍，可能只會打中兩槍，但我累積的經驗只要打一槍就中了。」投資心得也是隨著經驗的累積漸漸成熟，慢慢減少犯錯的機會，透過累積的經驗來分析判斷有幾分勝算把握，才能提高勝率、累積財富。

我曾因為相信仲介與投資客在房屋買賣時簽下的不動產現況說明書上，載明「保證房屋無瑕疵」，且認為購買的是新成屋，建商也剛通過政府機關檢驗，結果過戶後才發現因建商施工品質不良，一下雨就嚴重漏水，屢次修繕都無法回復！就因為這個一時的疏忽給自己帶來了無法彌補的損失！各大媒體報導有些建商可能為了快速獲利，不顧品質蒙混過關，有些仲介及投資客也會為了達到成交的目的，讓沒經驗的買方屢屢吃虧！慘痛的教訓告知我：購屋前要先請有經驗的親朋好友實地詳細了解屋況，預防勝於治療。這個繳學費的過程讓我吸取了經驗與教訓，讓我在往後投資理財的路上，更加謹慎穩重。

要訣三：勤做功課、持之以恆

我從小協助家人經營生意，習慣有很多事情都必須自己勤做功課，運用一勤治九笨的方式，從不懂到有豐富經驗，漸漸地習慣把未來會遇到的狀況與風險分析好，再決定進場時機點，照著計畫一步步達成目標。我投資購買外匯時，也會上網查看匯率、看歷史走勢，關注國際新聞，勤做筆記。做好充分準備，每天翻閱財經新聞十至二十分鐘，漸漸了解國際財經的架構，對於外匯操作也得心應手，這都是意想不到的收獲。只要持之以恆，每天撥出一些休閒的時間來研究理財，一定會有所收穫。

理財不怕辛苦一陣子，只怕辛苦一輩子，這不只是為增加資產，更為提高個人附加價值，我鼓勵大家不管在人生的哪一個階段，都應該認真思考，如何創造薪水之外的另一份收入。不管是發揮個人專長抑或興趣延伸，或者是另一個專業知識的學習及投資理財技能精進，不斷從尋找多元收入中持續開發自己的無限潛能。理財不怕你年紀大、起步有多晚、或者負債多少，一切都可以重新開始，為自己創造輝煌的人生，只要你下定決心，改變就從這一刻開始，那麼鋪滿鮮花的道路將等待著你。

Chapter 10

活出100歲的健康人生

健康七原則：每天要運動，不抽菸、不喝酒、不嚼檳榔，五蔬果，七分飽，提早十分鐘出門，樂觀態度，做善事。

健康管理專家—**鍾炳耀**

宜康連鎖藥局董事長
嘉南藥理科技大學及南台科技大學講師
香港INC國際自然療法學院認證自然療法醫師
中華健康管理教育協會發起人
二〇一五—二〇一六台南市成功獅子會會長

擁有健康才有奮鬥的本錢

「健康」是幸福的泉源、是一切成就的基礎、是人生最寶貴的財富。這裡有很棒的一副對聯跟你分享，上聯是「愛妻愛子愛家庭，不愛身體等於零」，下聯是「有錢有權有成功，沒有健康一場空」，橫批「健康無價」。在人生的道路上，你需要有很好的身體，有了健康才有奮鬥的本錢，健康雖然不是一切，但沒有健康，就什麼都沒有。

家父只有國中畢業，因為在藥局當學徒，後來就自立門戶開業。那個年代，醫藥資源取得不如現在便利，傳統藥局在窮鄉僻壤扮演很重要的角色，父親並不以開業為滿足，他後來又繼續自修，用心研讀中醫書籍，並通過中醫師檢定。民國七十七年，我正在服役，父親準備參加中醫師特考，但覺得身體很不舒服，檢查後才發現罹患淋巴腺腫瘤，那時父親才四十九歲而已，正值壯年，過沒多久便在林口長庚醫院病逝。父親的死對我打擊很大，他一向非常健康，不菸、不酒、不應酬，為什麼會得到癌症？這也種下我日後積極探索健康人生的種子。

推廣健康人生之道

雖然從小我就在父母親經營的藥局裡耳濡目染，接觸各種病患，若非父親早逝，我曾一度想往企業發展，希望成為一名優秀的企業家，因此我在嘉南藥專（今嘉南藥理大學）畢業後順利考上藥師，覺得自己所知有限，又繼續插班考取淡江大學國貿系。當時非常希望想創業，當過行銷業務，也自行創業賣過皮件，做了不少知名大客戶的生意。繞了很大一圈，南下之後因緣際會創辦了宜康連鎖藥局，這才算是回到本行，也不負原先父母對我的期待。

我在台南創辦宜康連鎖藥局已有二十年的歷史，這段時間，我腦子裡常常浮現一個困惑：「父親為何當了一輩子的藥師，卻年紀輕輕就撒手人寰？」因此除了藥局本身提供有形的產品外，我也常常對外提供無形的協助與服務，例如在學校擔任講師、去企業演講，不斷推廣健康人生之道。為此，我更到香港ＩＮＣ國際自然療法學院上課，研習各種自然療法，最後論文發表也獲得自然療法醫師認證。

為自己許一個身心平衡的健康人生

由於現代人的健康意識抬頭，很多疾病也不再只依賴西醫單一方式解決，不僅中醫被認可，很多同類療法、順勢療法等也慢慢能夠為現代人所接受。我所受的醫學養成教育是西醫，面對當前各種保健療癒方式百花齊放，我認為不是西醫不足，而是大家對於「健康」的認知，又往前提了一步，亦即不需要等到疾病出現才就醫，甚至有為時已晚的遺憾，若能提早為健康存糧準備，不僅減少遺憾之感，也能為全民健保省下更多資源、避免不必要的浪費。

還記得華人曾被貶損為「東亞病夫」，雖然這名詞是嘲諷腐敗的大清帝國，但是華人的衛生習慣與醫學知識，看在當時西方人的眼裡，的確是很難接受的委靡狀態，這跟國家呈現的活力、對生命的積極度密不可分；若以現在來說，如果我們都能為自己期許一個擁有身心平衡健康的人生，整體國力自然有蓬勃朝氣，因此不要小看自己的健康管理，不要以為生病只是一個人的事，你的健康，就是我們大家的幸福，反之，我健康，也會是你們的幸福。

回想父親四十九歲早逝，他讓我更加確定要為活出一百歲的健康人生努力。站在藥師的角色，我極力推薦健康的朋友們使用非藥物、非侵入式、沒有副作用的療法，從平時保健做起，為自己的健康未雨綢繆，把健康狀態延展下去，我希望每個人都能更健康，如此方能追求家庭幸福與生命價值。這也是我寫書的目的，將自己所學及各種經驗智慧分享出去，幫助每一個有緣人都有機會健康地活到一百歲！

學分46

經常檢查身體，了解健康現況

注意七項警訊，預防重於治療

你有沒有每天照鏡子、看看自己的變化？任何觀察或健檢，目的都是為了解自己的現況，一旦發現身體有異樣，便能及早處理潛藏的危機，避免造成重大疾病；小問題也別輕易忽視，預防重於治療，急救減輕傷害。我在這裡提供七項簡易癌症警訊給你參考：

1、大小便習慣改變

2、皮膚潰瘍久久不癒

3、身體有異常分泌物與出血

4、乳房或身體其他部位出現硬塊、增厚

5、吞嚥困難

6、原有之皮膚疣或痣明顯改變

7、頑固性咳嗽或失聲

若你有以上狀況，請你到醫院做專業癌症檢查。已故知名藝人高凌風也是中華華人講師聯盟的創始會員，他曾經詢問我健康問題。有一次，他說他沒有罹患感冒，但喉嚨突然沒有聲音，我除了贈送他一些健康食品以外，同時也提醒他去醫院做深度專業健康檢查與癌症篩檢。隔年出席華盟月例會時，高凌風又告訴我他腸胃不適，怎料十天後，我在報紙上看到他罹患血癌的新聞。

重視預防醫學，掌握健康狀態

就像颱風來臨前可以事前偵測預知，健康也是一樣的道理。疾病形成過程有兩個階段，第一階段是體液變化期，第二階段是細胞病變期。若能在第一階段察覺異樣，就可以調整生活習慣、善用自然療法、多做營養保健、預防醫學，最好尚未形成重大疾病就採取醫療方式，才不至於釀成重病而危及生命。不論是自身的觀察或別人看到你外表行為改變，甚至醫院的健康檢查報告，都是你的健康偵測指標。

你也許會說，我哪有時間一天到晚上醫院偵測基本健康指數？以我來說，我會運用多功能體脂機來做健康管理，隨時掌握自己和藥局客戶的健康狀態。現在的多功能體脂機功能大同小異，也都滿好用的，機器能夠測量出體重、體脂肪、骨鈣重量（骨質疏鬆的指標）、內臟脂肪、基礎代謝率、身體年齡，這些指標都具有意義。

舉例來說，我的實際年齡超過五十歲，但體脂機檢測結果身體年齡不到三十五歲，這代表我的身體狀況比實際年齡年輕許多，老化速度也較慢。左頁附上一份表格，從即刻起，開始為自己的健康把關吧！

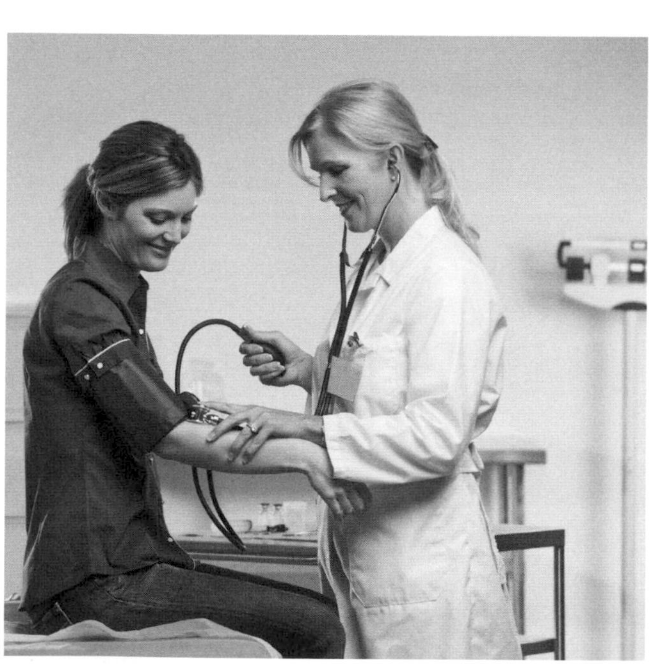

身體指數紀錄表

姓名		身高		年齡	
體重		內臟脂肪		身體年齡	
體脂		代謝率		骨量	

內臟脂肪	
標準	9% 以下
過剩	9% ～ 15%
危險	15% 以上

腰圍（公分）
男性 ≧ 90 公分
女性 ≧ 80 公分

男性	30 歲以下	30 歲以上
過輕	9 ～ 11%	9 ～ 14%
標準	12 ～ 16%	15 ～ 19%
過重	17% 以上	20% 以上
危險	33% 以上	36% 以上

女性	30 歲以下	30 歲以上
過輕	12 ～ 15%	12 ～ 18%
標準	16 ～ 20%	19 ～ 19%
過重	21% 以上	24% 以上
危險	37% 以上	38% 以上

（資料來源：宜康藥局製作，鍾炳耀藥師提供）

學分47

要三養、拒三化，顧好眼睛人生水噹噹

注重身心靈平衡才能獲得健康

要達到健康，首先要做到「三養」。不良的飲食習慣、吃太多或營養攝取不足，體液就會不平衡，進而造成身體生化改變，如血糖、尿酸、血壓太高，間接導致各種慢性病、甚至重大疾病，因此，均衡營養與適時補充綜合維他命或加強補充某些營養素是有意義的。如果你有家族遺傳性疾病或職業傷害，就要針對特別的地方做重點保養，長期不良情緒也會讓人生病，身心靈平衡才能獲得真正健康。

健康也盡量「不要三化」。過度氧化會讓人加速老化，所以盡量不要曝曬在陽光下，炸過的東西超過二小時別吃，不然你去聞聞看就會知道味道並不好，所以你要盡可能減少在過氧的環境下生活；至於老化，則是人不可避免的走向，但我們可以想辦法多做保養以延緩老化，不然為何女性朋友都要擦保養品？退化就是生病，所以我們要拒絕退化。例如，退化性關節炎，其實也是關節發炎生病了，因此要改善發炎情形，不要任由它繼續退化。

水分、氧氣、營養是決定眼睛健康的三大關鍵

由於目前生活已和電腦、手機密不可分，因此這邊我想特別針對「滑世代」的用眼過度問題提出保健之方。

長時間使用電腦、看電視容易造成視力退化，除了要注意使用電腦與看電視的姿勢與時間，你也要額外注重眼睛的保養。水分、氧氣、營養是決定眼睛健康的三大關鍵，因此適時補充β1胡蘿蔔素、藍莓、葉黃素等天然成分，可讓眼睛得到水分滋潤、充足的氧氣及充分的營養。

早期大家使用β-胡蘿蔔素（維生素A的前驅物）來維持眼睛正常濕度及夜視能力，消除乾眼症，之後又廣泛運用藍莓（又稱山桑子），藍莓含有花青素及天然的視紫質。視紫質是眼睛產生視覺最基礎的物質，二次世界大戰期間，英國皇家空軍就常使用藍莓果醬來幫助視力以執行夜間空襲德國的任務；花青素能預防自由基對眼睛的傷害，提高眼睛細胞的供養量，增進眼部微細血管循環。葉黃素是天然存在於蔬果中的類胡蘿蔔素，人類沒辦法自己合成，必須要從食物中補充才能獲得，例如金盞花、玉米等都含有豐富的葉黃素。葉黃素含

有強而有效的抗氧化劑，當太陽光中的紫外光、藍光或電腦、電視的輻射光害進入眼睛時，會產生大量自由基，這時葉黃素可保護視網膜不受傷害，並可防止視網膜中心的黃斑部退化及變質。

眼睛是靈魂之窗，若能提早開始保養，我們才能持續享受生活的美好。

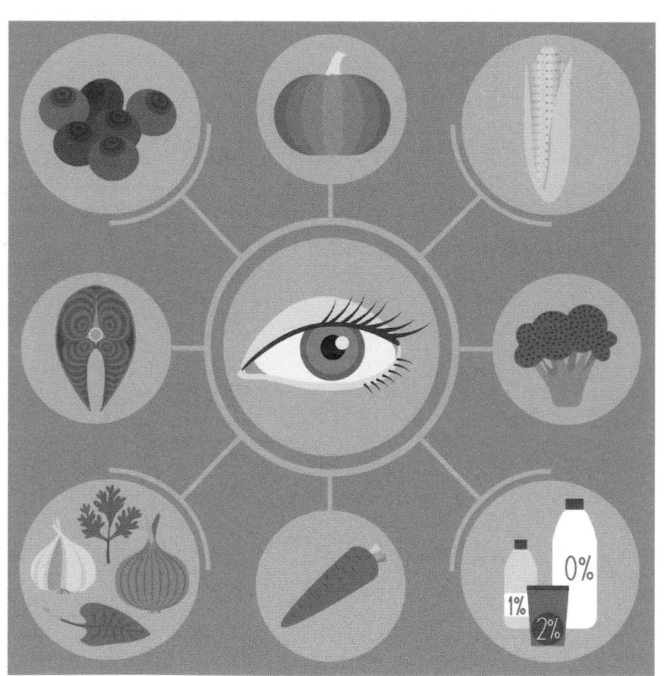

學分48

善用醫療資源，急救減輕傷害

定期赴醫院檢查，預防重於治療

你平常會不會幫自己做檢查？有沒有善用醫療資源？我的父親在罹癌後短時間內撒手人寰，就是因為他沒有善用醫療資源。此話怎說？雖然他一輩子都以藥局為業，但自己卻很少生病看醫生，俗話說「久病成良醫」不是沒有道理，常常生小病的人因為較有警覺性，的確不容易陣亡；從不生病的人，容易忽略身體小病小痛，一旦不舒服就容易產生重大疾病。所以，我建議你常去醫院檢查，了解自己健康的弱處、免疫力最差的地方在哪兒，偶爾生個小病沒關係，多做預防就可以把傷害降到最低，這其實也就是大家熟知的「預防重於治療」。

不過我還想再補充一句：急救減輕傷害。例如八仙塵暴燒燙傷患者，如果能有即時的急救措施，就能把傷者的疼痛與傷害減至最低；冬天時，很多人都因心肌梗塞猝逝，幾年前的準內政部長廖風德、今年的寒舍創辦人蔡辰洋都因而走下人生舞台。如果你平常會覺得胸痛、胸悶，就要特別注意，尤其在冬天清晨與傍晚要注意保暖，也要避免情緒起伏過大；如果有不舒服的狀況，就要盡快就醫，不要自行開車，最好叫救護車，救護車上有急救設備能夠因應這種關鍵時刻。

疾病能使人成長，做正向改變

醫療有很多層次，我們要懂得善用醫師專業、醫療設備與藥物。有些時候，我們對於藥物會有太過偏狹的觀念，比方一講到類固醇、抗生素或止痛藥，人人聞之色變，採取醫療過程時，就會產生抗拒心，但這是錯誤的觀念與不必要的恐懼。這些藥物不是不能用，而是不要濫用。一般來說，現在的專業醫療人員都會視狀況而給藥，已經沒有過去濫用藥物的問題，因此你可以敞開心胸與醫師溝通，相信醫護人員都能站在專業立場，提供專業方式協助你維持健康、消除病況。

根據世界衛生組織的定義，「健康不僅為疾病或羸弱之消除，而是體格、精神與社會之完全健康狀態。」健康的概念由原本的身體、生理健康擴充至心理、社會的健全安適。沒有疾病不代表健康，但如果生了病，也不要懷憂喪志，有時候一點點的身體不適，可以促使個人做正向改變，透過疾病的經驗會使個人覺醒及成長，更加了解自己、面對疾病、處理問題，並促使個人改變不良生活習慣，最後戰勝疾病、使身體變得更健康。

當然，若要預防疾病，平日就應該攝取健康飲食，才能供給人體足夠的營養素，進而強化抵抗力。所謂健康飲食，不是要吃得多、吃得好，而是要吃得剛剛好，也就是要均衡攝取醣類、脂質、蛋白質、礦物質、維生素及水等六大營養素；有些營養素人體無法自行合成，如必需胺基酸、膠原蛋白等，亦須適量攝取。此外，如欲服用保健食品保養身體，須視每個人的健康情形不同而異，因此慎選保健食品很重要。

學分49 怎麼動，才健康？

我的目標是希望大家活到一百歲，除了營養攝取均衡、善用醫療資源以外，平日還必須養成運動的習慣。適度運動可以降低血壓、體重及血脂肪，還能增加血液中「好」膽固醇（高密度膽固醇）的含量，有助於預防心臟以及腦血管疾病。

運動能幫助大腦成長、阻止認知衰退

「運動是健康身體的基本條件」這樣的觀念，對現在多數人來說，已經是生活常識。根據研究資料顯示，常運動可使阿茲海默症患者降低失智風險百分之五十，而且剛出現認知問題者，可藉由運動延緩病況惡化；大腦海馬體和前額皮質，在形成記憶和複雜思考上扮演關鍵角色，這些部位的衰退，是阿茲海默症的前兆，而這些部位正是對運動有反應的部位，因此體能愈好，海馬體和前額皮質也較大。換句話說，運動能幫助大腦成長、阻止認知衰退。所以，要活就要動，這不是空口白話。

但不是運動就等於健康，很多人也因為運動受傷、或者有人跑馬拉松猝死也

時有所聞。如何利用運動達到健康目標，是一門學問。

無論做任何一項運動，每次都應該依序遵循「熱身、主要運動、緩和」三大步驟，才能充分享受運動的健康、歡樂與活力，同時避免運動傷害。至於如何選擇運動項目與種類、多久動一次、運動如何有效果，以下我提出幾項指標供你作參考：

1、**運動項目的選擇**：年輕人適合打籃球、有氧舞蹈、飛輪、拳擊等激烈運動；中老年人則以慢跑、游泳、快走、太極拳等緩和運動為佳。

2、**運動強度**：指從事運動時的激烈程度，這可透過每分鐘的心跳次數來判斷。健康成人的有效運動心率為最大心跳率的百分之六十至百分之八十五之間，而最大心跳率為二二〇減去實際年齡。舉例來說，五十歲成年人的最大心跳率為二二〇減五十（實際年齡）等於一七〇，而有效運動心率則在一〇二（170×60%）至一四五（170×85%）下之間。你可以透過這項公式來找出自己最有效的運動強度，若覺得這公式太複雜，你也可以根據自己的感受來判斷，「有點喘但不至於喘不過氣」、「可以講話、不能唱歌」的程度，大約就是心跳一百三十至一百五十下之間，這是適當的運動心率與強度。

3、運動持續時間與頻率：過去政府宣導很久的國民健康運動「333」原則（一週三次，一次三十分鐘，心跳一百三十下），近年來調整為「531」，即每週運動五次、每次三十分鐘、心跳一百一十下，對於體力的培養與減重效率會更好。

最後，若能適時補充些營養或使用保健品，會讓你的運動效果更好。以我來說，我平時慢跑、一年參加幾次馬拉松，平時除了補充膠原蛋白、葡萄糖胺、鈣質以保護肌肉與關節，我也會在運動前先擦些植物凝膠以放鬆肌肉關節，避免運動傷害。這就是善用保健藥品的小祕訣，用得對、用得好，可以讓你的運動與健康狀態維持得更好。

學分50

多奉獻，身心平衡更健康

心理狀態會影響身體平衡

健康是一種身心靈的平衡狀態，如果用搭計程車作比喻，身是車子，心是司機，靈就是乘客，也就是我們。司機決定車子怎麼走，心決定身體的狀態，但最後的決定則在乘客，也就是靈。當你覺得壓力很大，心理狀態就會影響身體平衡，可能會出現失眠、食慾不振、腸胃不適，甚至血壓上升，因此有時疲累感不一定來自身體，而是心理。你想想，如果是在你做快樂的事，會累嗎？如果精神有了寄託，靈也會跟著安定。我這邊談的靈或精神，不是宗教上的慰藉，而是一種自我存在的價值感。

藥局曾有位客人，全身長滿癌細胞，醫師說他的生命剩下不到半年，因此得常常跑醫院，但他遇到任何人，包括醫護人員或其他病患，始終都以熱情態度讚美對方，讓大家都很開心。儘管他身患絕症，但仍願意分享歡樂給其他人，我覺得他真的活出了自己的生命價值。

從事社會服務可獲得內心的健康

鴻海集團董事長郭台銘因為小學生寫信請願，馬上買下紀錄片《老鷹想飛》的公播權；周美青女士下鄉為偏鄉學童說故事，第一夫人的素樸身影感動不少人；小市民陳樹菊把一點一滴掙來的賣菜錢存下，最後捐出一千萬元幫助弱勢兒童，樹菊阿嬤的身影席捲世界，美國財經雜誌《富比世》將她列入亞洲慈善英雄人物，美國《時代》雜誌也將她選入二〇一〇年最具影響力時代百大人物英雄的第八名。

我相信美青姐與樹菊阿嬤一開始一定沒想過要讓人知道，但是我們在旁邊觀看的人，不也因此覺得很溫暖，甚至被召喚了內心想要行善的因子？我認為行善要適時地讓人知道，因為拋磚引玉可以讓更多人一起投入，整個社會的心靈狀態也才會更加富足平衡。

在國外，富豪時興「裸捐」，微軟創辦人比爾．蓋茲（Bill Gates）創辦基金會，致力改善貧窮地區的衛生與教育；股神巴菲特也在蓋茲的基金會上加碼；臉書創辦人馬克．祖克伯（Mark Zuckerberg）也跟進裸捐風潮。不論是樹菊阿嬤手中的一千萬或者富豪們的數十億，抑或你手中的一萬元，行善的動機不會因為數目多寡而有所增減。套一句孫越叔叔的公益廣告台詞：「五十不嫌少，五百會更好。」五十元都能幫助弱勢孩童，背後的愛才是最大的支持力。

有錢不一定快樂，用對地方才能帶來真正的快樂。我擔任獅子會會長一職時，便不斷利用這管道從事許多社會服務，我深信若我們能憑藉自己的能力奉獻給世界，內心的健康，也會如漣漪般擴及到身體與外在。

Chapter 11

態度對了，幸福就來了

命運對每一個人都是公平的，就看我們能不能磨練一顆堅強的心。擺正自己的心態，便會在一個愉悅輕鬆的環境中生活，感覺每天都陽光燦爛。健康是人一生中最大的財富，把握好自己的幸福是種感覺。快樂不是靠外來的物質和虛榮，而是靠自己的內心自強和知足。

幸福養生達人——**許絜華**

台灣非物質文化遺產傳承人
英國劍橋學院認證ＥＤＩ國際專業講師
中國醫藥大學脊椎整合治療研究班
中華民國ＡＰＴＥ運動按摩協會按摩師

健康幸福的人生終須回歸內心感受

現代人的健康意識抬頭，飲食也注重養生，特別是在食品安全出了一連串的問題之後，很多人已經不知道「如何吃」、「如何吃得健康與安心」，不油、不炸、不鹹、不吃加工食品等觀念，相信大家也都很熟悉，有些觀點甚至認為蔬食比葷食更好。我想在意自己健康的人，面對眾說紛紜的健康飲食資訊都會不知所措，究竟該怎麼吃才好？我對這些觀點沒有絕對的價值判斷，因為這些立論背後都是為了健康，不過自己走過了這些年，看過不少人的經歷，我認為健康幸福的人生，最終都要回歸自己的內心感受。

你覺得幸福嗎？你覺得富足嗎？你是否害怕生病？是不是常常覺得壓力很大，卻又逃不開壓力來源？常常對生活周遭覺得無奈無力？對工作總是牢騷滿腹，覺得都是別人的問題？以上這些困擾，不只影響你的心情，或多或少也會影響你的健康，如果你不能面對自己的身心狀態，就別奢望藥到病除，因為再好的名醫，都治不了你的心。

壓力多出自於恐懼或不信任

曾經有個很漂亮又會念書的女孩，是科大的資優生。從小成績就是第一名，結果有一次被同學追過，變成第二名，她很挫敗，就把自己封閉起來，關在房裡不跟外界溝通，偏偏父母又很迷信，以為她中邪，找了道士作法，道士還吞了一口水、往她臉上吐，說是去晦氣，結果搞得她反感無比，她就更加不滿，「反正你們都覺得我瘋了，那就瘋了吧！」

後來我有機會跟她聊聊，才知道她最大的憤怒就是別人當她是瘋子。經過一段時間的陪伴，加上我請她來我的餐廳工作，如今，這個女孩已經順利從科大畢業，之後曾去廣告公司上班，然後當美術老師，一切都恢復正常，教學品質也很好。

透過這女孩的例子，可以看到幾件事。首先，抗壓性低是現在年輕人普遍的特質，稍有挫折就覺得受挫，職場上這種人並不少見，他們不專注迎接挑戰，反而念茲在茲別人如何評價自己；其次，面對壓力，就算身心出現狀況，也不要馬上陷入「我是不是有病」的焦慮，該看醫生就去看，不要沒事嚇自己，因為多數情況往往是出於恐懼或者不信任，並非真的生病。

生活隨時可修行，用自在安定身心

我開了兩家素食餐廳，都是錄用這些與社會、家庭適應不良的女孩，工作之餘，我會帶領她們一起做些放鬆的運動，例如伸展、拉筋，並搭配靜坐調整呼吸，讓她們靜下心來；有時候也會讓她們把整個手臂、胸襟敞開，身體微微擺動就像輕舞，她們一開始會害羞，慢慢地就融入情境。這八年來，從我這兒出去的員工都能夠重返社會並且適應良好，我也深深體認到，當內心平衡時，外在如何質疑自己，都不會起漣漪。

這份平衡，同樣也需要在飲食、生活之中實踐。現代人多半都有養生意識，但是如果將這當成一種戒律，成了阻礙與限制，反使生活無法自在，對身心狀態不見得是好事。所謂生活禪，就是生活中隨時隨地可以修行，自在才會讓身心安定平衡。欲望會殺人，快樂被壓抑反而痛苦。

舉例來說，小孩子想抽菸，一定會被父母罵，我是直接拿一根菸給我兒子抽，讓他自己體會，結果他就不再好奇了。愈限制，愈會挑起欲望；滿足好奇，反而可以遠離，飲食也一樣，當所有資訊告訴你炸的別吃、甜食不健康、過油過熱過燙都不宜，你可能腦子聽進去了，但是口腹之慾反被挑起，因此你應該回到傾聽自己內在聲音的原點，身體會有平衡的機制，當你不壓抑，它就不會反彈，你放鬆面對自己的欲望，欲望就不會躁動，對某些食物的渴望也會降低。

當身心達到平衡，飲食與運動，都是幫你健康加分的內容。身為一名女性，我很少做臉保養、也不花錢買昂貴保養品，全身上下都用菜瓜布搞定，然後簡單擦上化妝水與乳液，氣色依舊神采奕奕。有朋友笑我，如果我跟人分享如何不花大錢也能青春永駐，美容業者恐怕都要關門大吉了！當然這是玩笑話，但從我親身經驗的確能夠體現保持平衡身心狀態比花錢美容、吞一堆保健食品更有效。你願不願意跟我一起試試？

學分51 我是怎麼活過來的？

第一次瀕死經驗

當人活得好好的時候，是體會不到死亡的感受與恐懼的，我生命裡有兩次與死神錯身的經驗，一次是小學四年級，一次是二〇一四年。小學時懵懵懂懂，的確感受不到死亡的壓力，但二〇一四年這次就讓我嚇到了。

小時候因為爸媽在高雄做生意，我都跟奶奶住在鄉下，四年級寒假時有一天，我突然無法起床，全身沒有力氣，但意識很清楚，沒有食慾也無法進食，一開始嘗試吃點東西，全都吐出來，當然也就沒上廁所，就這樣不吃不喝不排泄整整一週，當時鄰居都以為我差不多了，還跑來安慰奶奶，而且因為我家是四合院，我雖然躺在床上不能動，但都可以看到窗外有鄰居一直往房裡看我、偷偷談論我的病況。

後來有人勸奶奶送我去醫院檢查，奶奶於是決定跑一趟醫院，確定我的時間還剩多少，結果她幫我穿了好多衣服，到了醫院，醫生要看診、打針，才知道奶奶幫我穿上七件衣服，心裡已經有了「我可能不久人世」的準備。結果打了兩支營養針以後，我竟然好了，健康完全恢復，沒有什麼異樣或者後遺症，當時醫生也沒法判斷是什麼原因。回家後，我在路上走著，老師看到我還嚇一跳，他們都以為我快死了，怎會好端端的又走在路上？關於那七天，我只記得自己眼睛睜開都只看天花板，再沒有任何印象。

第二次瀕死經驗

第二次瀕死的經驗就是二〇一四年，我參與一項大型會議的籌備工作，壓力很大，活動前很緊繃，活動結束後，我的健康出了狀況。有一天我和丈夫走在路上，突然覺得吸不到空氣，頓時非常驚恐，整個人一直冒冷汗，丈夫在一旁也嚇得不知所措，幸好我還有意識，慢慢用腹式呼吸調整，同時猛捶心臟，猛捶心臟的原理有點類似心肺復甦術，後來慢慢穩定下來，我就跑去醫院檢查，其實也檢查不出確切病因，醫生只發現我有點貧血，讓我吞了鐵劑後，就好很多。當時在醫院掛急診時，心跳一百多下，這狀況很像是心肌梗塞那樣突然。

我學過心肺復甦術，而用拳頭搥胸的方式是一樣的道理，所以，如果你覺得自己心搏速率不均，或者心臟常常不舒服，就可以用這種方式保養。

學分52 小小穴位，大大學問

經絡穴療能使身心放鬆

我發展出來的「太極按摩法」、「無痛刮痧」與「點睛明」三項手法獲得台灣非物質文化遺產認證，融合了民俗療法與身心靈契合的調理方式，把古老傳統結合新時代身心醫學的觀點，讓現代人的生活能更臻平衡。

經絡穴療的效果在於你可以因此使身心放鬆，甚至可以有愉悅的感受，當你身心舒暢時，病痛不舒服的感受自然會減輕，即使你現在面臨慢性病困擾或癌症治療的不適狀態，原本可能只得消極面對疾病，但透過穴療帶來的舒緩，可以讓你在治療過程中更有力量。心能療癒，身體雖不中亦不遠矣。

用「點睛明」手法保護眼睛健康

現代人的生活方式，周邊圍繞著各種三C產品，用眼過度是普遍現象之一，飛蚊症、乾眼、小孩子視力退化不說，愛美的女人眼睛四周細紋、浮腫、眼部肌肉疲憊都是用眼過度的代價。我也不是要大家捨棄科技文明帶來的生活便利，而是要提醒大家，如何在平時謹慎保養，才是長久之道。

我雖然沒有過度使用三C產品，但因為長期烹飪、閱讀，也讓我常常覺得眼睛痠澀疲憊，因而常常按壓眼球四周。有一次我發現自己眼內有一顆一顆的凸出物，原來那些都是循環不好的堵塞結果，於是我用指腹去推開，揉了一陣子，不僅疲憊盡失，眼睛看出去的世界也變得好亮，「點睛明」就是這樣被我一步一步研究出來的手法。

我壓的位置跟別人不一樣，一般都會按壓上下眼瞼眼球四周穴道，包括攢竹、魚腰、絲竹空、太陽、承泣、睛明之類的穴位（如下圖），這些穴位的確有助於疲勞的雙眼暫時舒緩放鬆，但通常舒服的時間都不會太久，也許再過個半小時，你可能又會呈現疲態，反反覆覆無法根治；而點睛明穴位按摩不僅只需按摩一個穴

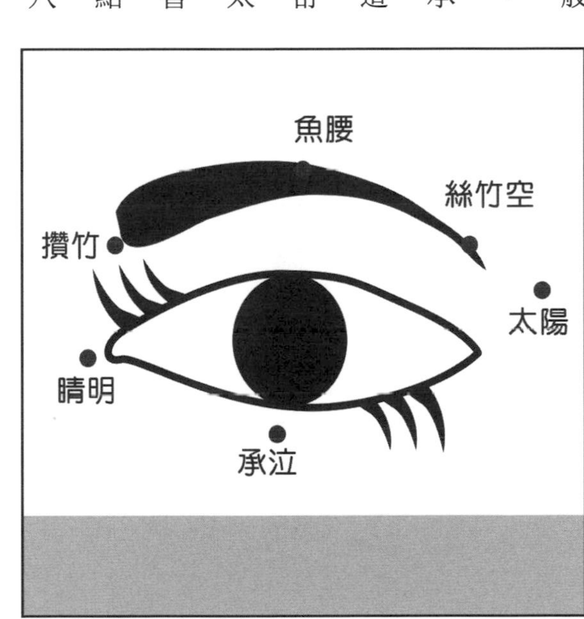

位，且更能根本解決你疲勞雙眼的問題。

我在學校、公司行號、美容機構都有推廣點睛明的按摩教學，因為這個穴位的按摩力道也與一般按摩方式不同，如果你有興趣，可以花點時間來跟我學習，之後不僅可以自己平時保養，也可以運用在家人的身上。學會正確的穴位按摩，日常生活中都可隨時運用，比起生了病才上醫院治療，不如趁早就在日常生活中做好保養與預防。

學分53

這兒痛那兒痛，該怎麼保養？

頭痛—壓力大者適用

幾乎人人都有過，但是頭痛往往很難找到病灶，尤其現在很多頭痛成因是來自壓力，一時半刻都無法對症下藥。我從頭痛部位約略歸納出幾個可能導因：

一、頭的前部

可能原因：眼睛疲勞、睡眠不足、心煩氣躁

二、頭頂部

可能原因：生活不規律、疲勞

三、頭側部

可能原因：壓力過大

四、頭後部

可能原因：肩頸痠痛、熬夜、體力透支、長期無力感

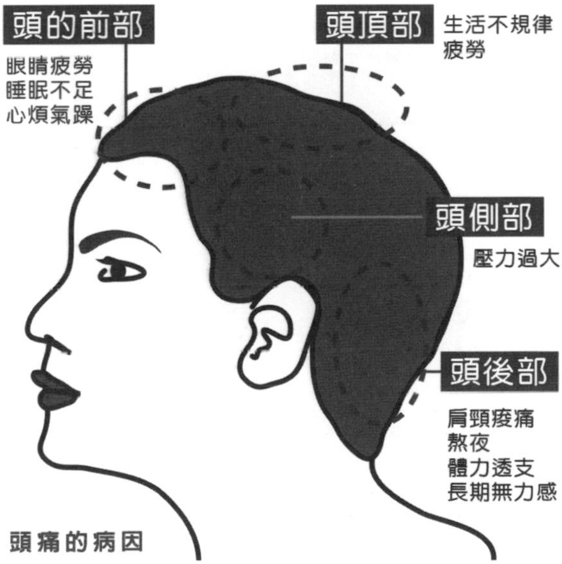

頭痛的病因

你可以從上頁這張圖對照自己平常都是哪裡痛居多，再想想自己這段時間的生活節奏與壓力來源，不管是否求醫，都有助於掌握自己的健康狀況。

消化與代謝—上班族適用

以下提出兩個跟上班族相關的穴位（如下圖），可調治腸胃道毛病。

水分穴：肚臍上一指處。這是水液進入膀胱、渣滓進入大腸的清濁分別關口。按壓此處，可感善腹痛、水腫、腸鳴、腹瀉、尿路感染等症狀。

天樞穴：肚臍兩側約三指處，是左右對稱的兩穴。臨床實驗證明，按揉天樞穴可以改善腸腑功能，消除或緩解腸道功能失常而導致的各種症狀，也能改善便祕。

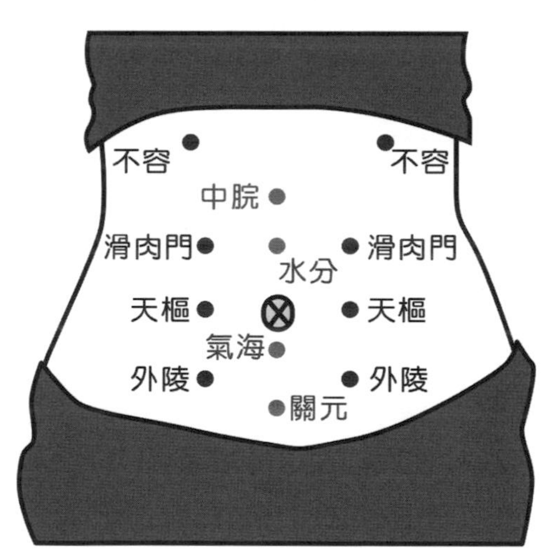

下肢水腫—久站或久坐者適用

下肢水腫特別容易發生在久站或久坐者身上，你可以按照下圖指示的穴位按摩，試試看。

穴位：委中、承山、崑崙

按摩手法：手握拳，以食指第二關節按壓穴道，可以有效促進腿部循環，或是握拳後將中指關節放置穴位上，前後滾動。

按摩時間：按揉穴道十秒鐘，休息五秒，每次進行按摩約三至五分鐘。

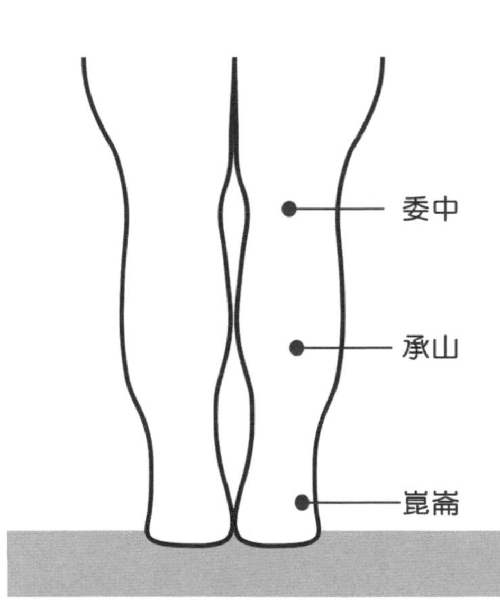

肩頸痠痛—電腦族適用

這是坐在電腦前的人，最常有的毛病。你可以試著按揉以下幾個穴位（如下頁），有助於改善症狀。

風池穴：在耳後枕骨下、髮際內凹陷處，可以減緩腰痠背痛與疲勞。

天柱穴：沿著頭部後方髮根頸部，在頸部兩塊大肌肉的外側凹陷處。可改善頸椎痠痛、五十肩、高血壓、頭痛、舒緩眼睛疲勞。

肩井穴：位置在脖子兩側與肩峰的中點。可改善肩背疼痛、五十肩、落枕等症狀，但孕婦不能揉壓肩井穴。

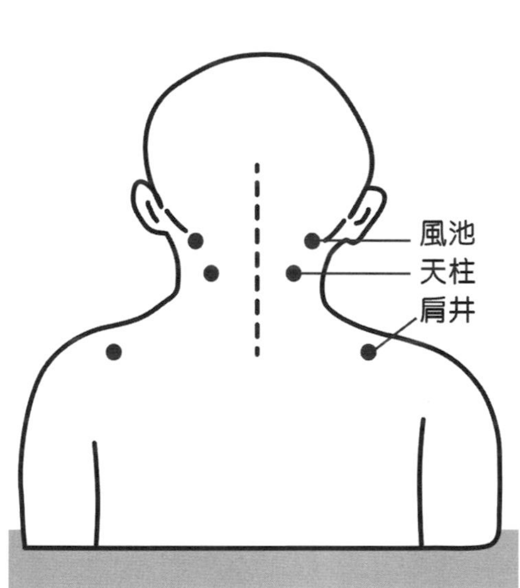

學分54 簡單小原則，也可以吃得很健康

吃得開心、食物美味是最棒的養生戒律

現代人為了養生，不少外食人口與上班族都為了三餐傷透腦筋，不知道怎麼吃才能健康無負擔。很多蔬食料理很健康、但口味不見得能被廣泛接受，我開過兩家餐廳，就是為了這些不得不外食、卻又不知吃什麼的人而設計。八年下來，我的料理養出了不少忠實客人，其中還不乏習慣大魚大肉重口味的人，他們原來都以為健康飲食就等於平淡無味，吃了我的菜之後，才發現美味與健康可以兼顧。

從他們給我的回饋中，我也意識到，只要吃得開心、食物美味，比任何養生戒律都來得重要。因為如果你把心思放在吃什麼才好、或吃什麼不好，根本無暇細心咀嚼入口的每一道菜，而每一道菜都被以「健康與否」嚴格檢視後，我相信你的吃飯心情像是如臨大敵，而非自在愉快。試問：這種戒慎恐懼般的心情又能如何健康？

揀選料理基本原則：注意用油、不吃生菜、多喝醋

如果你真的很忙碌，沒太多時間選擇餐廳，我提供幾個基本原則讓你參考，將其當成揀選料理的基本標準，這樣就可以吃得輕鬆、吃得安心。

首先，最近一連串爆出的食安問題，最大的隱憂是油品。很多人都會說吃油炸的食物不好，若從醫學觀點來看，油炸食物的確會為身體帶來比較大的負擔，不過我不認為油炸食物完全不好，關鍵在於用油。油鍋裡的油，是新鮮的還是重複使用？不少小吃店、路邊攤使用的都是回鍋油，對健康自然比較不好。如果你想吃油炸的食物，不妨注意商家使用的油，而我認為最好方式的還是自己回家做。你不會天天都吃油炸的食物，想吃的時候，在家自己下廚料理，既滿足口腹之慾，也能顧及健康，兩全其美。

其次，我建議在外面盡量不要吃生菜，因為生菜可能會有寄生蟲與農藥問題，若無法確定店家是否清洗乾淨，燙青菜是最好的選擇，多一道汆燙流程，也能多一份健康保證，而燙青菜又是現做料理，新鮮度也夠，青菜營養可以保持；如果真的想吃涼拌，就挑汆燙過的蔬菜涼拌較優；盡量不吃調味太多的食

物，太多添加物也是一種負擔，多吃食物、少吃食品，是健康之道的大方向。

你若習慣大魚大肉，不妨多喝醋，醫學報告也證明吃醋可以抑制脂肪合成、促進脂肪分解，有助於清除體內多餘脂肪，又可平衡體內酸鹼值，不過也不要因此就食用過量，以免傷胃上火並傷及牙齒琺瑯質，凡事都要均衡才是。

學分55　身心靈的安定

身心維持平衡健康，人生才會幸福

前面四個學分所分享的不管是疾病、經絡穴療或是健康飲食，都是生理層面的健康之道；然而真正的健康包括「身體健康」、「放鬆與紓解」、「心情愉悅」、「身心靈安定」與「靈得自在」。當一個人身心都能維持平衡健康，才會幸福。

我們都曾被好萊塢巨星羅賓・威廉斯（Rabin Williams）的演技所深深吸引，不論是《春風化雨》裡的基頓老師，或是《心靈捕手》裡拉回邊緣少年的數學老師，螢幕上的威廉斯，已成了許多人迷惘時的心靈依靠；我們跟著他開懷大笑或者熱淚盈眶，一切不順遂都在當下被療癒了。又有誰會知道，這個溫暖的巨星最後竟以憂鬱症謝幕，走下人生舞台？我彷彿能夠感受到威廉斯身邊親友的錯愕，如果能提早一步、多一點關心，也許他就不會走上這條路。

我也曾經在無意中挽救過一名女子。

這女孩有份人人稱羨的工作，她準備訂婚，即將與親密愛人踏入人生另一個階段。但就在帖子都發出去後的訂婚前夕，未婚夫告訴她，他有了新歡，偏偏此刻，女孩又發現自己有了身孕，最後女孩雖然取消婚約、拿掉孩子，但因禁不起被背叛與墮胎的雙重打擊，她決定走上絕路。那一晚，她把所有後事都以書面交代好之後，就上網逛臉書，無意之中看到我的文章，然後就一直讀下去，最後連想走的時刻都錯過了，她就此與死神錯身而過。

這是她後來告訴我的事。如今，女孩已嫁人，與丈夫過得甜蜜，如果她當時想不開，走上絕路，就沒有現在逆轉的人生可以享受。

另一個例子是我的朋友。她的工作能力非常好，在壽險業服務多年，晉升到區經理的地位，手下有百名業務，但最近幾年卻常常感覺壓力很大而哭泣。我曾經建議她不要擔任主管職，這樣可以減輕一些壓力，也不會因為責任過重而心力交瘁；然而在她的價值觀中，就是得為家人規劃保單，做好每一項計畫，所以搞得自己無法喘口氣，而且害怕人生跌入谷底。

我舉這兩個例子是要你回頭看看自己，是否走入了類似的死胡同？未婚夫背叛，世界就真的崩壞了嗎？規劃這麼多保單、賺這麼多錢，但是家人又不一定用得到，這些不過是把自己綁死罷了；想一想，你像拚命三郎般工作的目的，究竟是為了什麼？

三大安心之法：正視現實、懷抱信心、心平氣和

人生本如夢，生活中的不如意也會像過眼雲煙一般毋須在意，我們要學會看淡一切、珍惜此刻擁有的幸福；若是目前處在谷底，那也一定要記得，陽光永遠都在烏雲的背後，只是一時被遮蔽，看淡眼前的痛苦，之後幸福就會像陽光一樣，再度展露笑臉。

現在的社會普遍存在不安感，往往容易因別人一句話、一個動作、或媒體上一個訊息，自己就跟著浮動；起初是心不安，接著是生活不安，最後連生命都不安

了，而這股不安力量會像漩渦一般，不斷攪動、永無止盡。

在此我想與你分享三個安心之法：正視現實，懷抱信心，心平氣和。

首先，當你覺得不安時，要反問自己為何不安，並正視它；其次要懷抱信心，就算覺得無路可走，都要相信希望就在前方，今天能過，明天一定也能過；最後，遇到不友善的人，我們要心平氣和反問自己，是否造成對方麻煩與困擾，如果是，我們誠心道歉；如果不是，我們更不需要反擊或者埋怨他。若能時時透過這三項方法反思，我們的心就會是安定的，生活也會跟著安定，人生一定平安幸福。

Chapter 12

想悠閒養老？從生涯風險控管開始

不是三人行必有我師，而是人人都是我的老師。
不管是成功者或失敗者，我都可以在他們身上學到經驗。

生涯規劃顧問——**劉邦寧**

南山人壽保險公司天成通訊處經理
中華華人講師聯盟講師

回顧人生，看見未來的自己

當你閱讀到這一章時，理應接近尾聲。前面的篇章側重與你分享如何認識並展現自己、與自己相處、面對情緒與身心狀態；希望你在職場上更順遂、更平衡。我之所以擺在最後，乃是因為我是十二位講師中年紀最長的。年過花甲的我，分享的也不再是那個力拚職場表現、衝衝衝的勁量小子。這一篇是回眸，回眸我的人生，也讓你看見未來可能的自己。

回首人生路，從三十到六十。這不算短的三十年，的確是人生的黃金時刻：投入職場、成家立業、養兒育女、力拚成功；同時還要顧及身心狀態，這不是一件容易的事。

民國七十三年，我去美國待了五年。因為岳母、生父與養母的健康陸續亮起紅燈，因此我在七十八年時決定返台，這一年我三十六歲。去美國以前，我從事運輸，到了美國繼續從事本業。返台以後，因為老人家的健康狀況讓我重新思考未來的工作方向，於是我決定踏入保險業。這一做就持續到現在，已經快滿三十年。從我中年轉業的經驗來看，我認為沒有什麼工作非得從一而終。重點在於你是否滿意現在的工作？能否享受其中？如果沒有這種感覺或總覺得缺少了些什麼，我會建議你不妨給自己機會重新出發，別因為害怕而停留在原地。

拓展視野與專業，不被趨勢淘汰

比起中年人，我看到現在的台灣年輕人積極創業、衝勁十足，但是欠缺視野與專業知識。我在企管顧問協會擔任副理事長，曾負責台北市中小企業處審核年輕人創業貸款的業務。年輕人最普遍的創業內容是餐飲，沒經驗不打緊，但幾乎沒有企劃書、沒有預算，都是憑空想像、邊做邊想，這樣就要跑來申請貸款，甚至連該申請多少金額也搞不清楚，大家只有一個公開的幻覺——就是申請三百萬，市政府或許會給一百萬，所以都會把申請的預算數字提高。我問這些年輕人三百萬到底怎麼用？他們也講不出來，這是很大的問題。

另外也有選擇做網路行銷的，雖有正面成長，但我總覺得他們缺乏專業知識。有個照相館要申請幾百萬貸款購買攝影設備，我覺得這思維太舊；蘋果的手機畫素都已經可以拍電影了，三十萬不到就可以添購三台蘋果專業電腦。年經人還要砸幾百萬買攝影器材，這就落伍了。當然我心裡也很猶豫難道不給他機會嗎？我認為這些年輕人必須自己加快腳步、掌握趨勢。

年輕人不怕失敗，只怕放棄

除了創業，生涯的風險管理也是一個課題，能愈早規劃當然愈好。雖然我在南山服務，但一開始是先接觸社會保險，我在台灣第一個社會保險服務協會擔任理事，跟著素有「勞保教父」的已故教授張智雄學習。他畢生心力都在跟勞保局作戰，一直希望成立勞務師協會，幫助社會大眾。

坦白講，台灣真正最大的保險公司不是一般商業保險，而是勞保。台灣自民國一〇三年突破一千萬名勞工，但勞保局沒出過一張保單。全台只有一組電話，加上網頁服務，你知道自己可以在哪裡伸張權益嗎？我相信多數人都不知道。因此張智雄老師出過一本書，直陳勞保局才是最大的黃牛，他把這本書放在勞保局，無限量供應。

創業與風險這兩個面向，我認為是正在走向人生尖峰的你，可能衝勁有餘、但因心思和眼光不夠而容易忽視的地方，以下我將分別就五個學分與你進一步分享。

在我人生邁向第七個十年時，我想告訴你不要放棄任何學習的機會。講句玩笑話，算命的說我會活到九十二歲，我一進南山時就希望做到七十五歲，當時被人質疑明明大家五十五歲就要退休，我怎麼會想做到七十五歲？如果我五十五歲就退休，接下來還有三十多年的日子，難不成要吃喝玩樂度過這幾十年？

所以我現在還在工作，邊作邊玩，希望自己終生學習，學習本身是快樂的，年輕的你應該要給自己機會學習第二專長，第二專長不用為五斗米折腰，而是自己真正的興趣。第一專長是喜歡你目前做的事，第二專長就是去做你真正喜歡的事。因為還年輕，生命要自己去碰撞，不怕失敗只怕放棄。

學分56 你為什麼需要生涯規劃？

為自己的人生設立目標

我念小學時，每次開學發了新課本，回家以後就會用月曆紙包得整整齊齊，好像帶著一種新的期待，並工工整整地在書套上寫下：「人生若沒有目標，就好比在運動場上，追逐目標，永不得分。」老實說，當時我對這句話似懂非懂，只知道人生一定要有目標。

比如慢跑，你會預計今天要跑多遠距離？燃燒多少熱量？預計減重多少？做任何事都會有一個目標；像我小學運動會賽跑時，老師要求我們得在一定時間內跑完；如果沒有目標就會很茫然，就像打籃球從頭跑到尾，卻沒有得分般糟糕；踏入社會工作時，「薪資收入」通常也是我們的人生目標之一。不論月薪是二十二K、三十三K或四十四K，或是你認為不用賺太多錢，一輩子知足常樂就好，這也是一種目標。

既然沒有一定的標準，如果你問我為何還要生涯規劃？我會反問你為何不要生涯規劃？人生本來就會有改善生活、處境、開拓視野等期望，這就是生涯規劃的起始點。我剛進南山人壽時，就以南山為榮，經過二十七年後，現在南山以我為榮，這就是一種人生的目標。生涯規劃代表積極正面的思考，讓人也會懂得飲水思源，不忘本。

規劃人生，正向思考

以大家最熟悉的鴻海為例。郭台銘決定以五十億元大手筆投資印度高科技產業，郭的策略被英國著名雜誌《經濟學人》關注。根據《經濟學人》分析，鴻海原本是iPhone的最佳代工廠，但iPhone業務被和碩拿走後，鴻海不再獨享iPhone代工，郭得另覓出路，投資印度即是其中一項；不過，郭的投資策略顯然失焦，因為印度不見得是最好的環境，郭也曾投資海外失利，稍不小心就會走很多冤枉路，而且再怎麼做都是代工廠，並無加分效果。在我看來，郭台銘難道會不知道風險？已有童子賢來勢洶洶，你以為郭台銘還能安坐龍頭地位？他一定有危機感。

郭台銘當年畢業於中國海專，為何可以稱霸電子產業？導因於這一路走來，他願意為自己的事業做規劃，也持續訂定目標在執行，所以哪怕是投資失誤導致損失，都已經不是重點。重點在於你能不能給自己一個人生的大方向，從大方向開始落實你的生涯規劃。

你一定要有自己的計畫與目標，否則你就會是別人計畫與目標的一部分。若郭台銘此時不試著拓展，成為自己的主人並穩定事業的主導權，那麼他也就等著被科技趨勢帶著走，成為潮流下被取代的宿命。如果你是郭台銘會怎麼做？你是不是該為自己的人生做些規劃與掌握？

學分57 天有不測風雲，你的人生風險在哪兒？

【案例】

有個小企業主多年前買了一張保單，繳了三年保費就沒再繼續，他想拓展大陸市場，於是募資了一億元「錢」進大陸，就在準備赴陸的前夕，竟在一場空難中喪生，匯去大陸的資金全數泡湯。重點是台灣的老父親是押了全家的地去跟銀行借貸，另外他也向一些金主借了錢，由於公司營運不穩，也積欠了員工的健保費、薪資。憾事發生後，他等於留了一屁股的債，家中二老根本無力償還，業務員趕緊調了他的保單資料，距離墊繳期限還有一個月，最後就靠著這筆保費理賠讓二老還有點生活費養老，至少彌補了一些遺憾。

我之所以舉出這個真實案例是要你一起想想：天有不測風雲，萬一突然發生事情，你作了多少準備？

做好風險管理是重要理財觀

所謂的人生風險包括：生、老、病、死、殘、收入中斷、失去工作能力。老一輩的人常說：「好的時候，要替自己留一口糧。」這就是一種風險管理。我小時候騎車上學要花四十分鐘，母親在我書包裡放一百元當「養命錢」，那時父親的月薪是五百元，這筆「養命錢」占了父親薪水的五分之一。母親說最好這一輩子都用不到這筆錢，但如果用了一定是有很重要的原因。母親只有小學畢業，也沒有跟我解釋太多，養命錢卻成了第一個駐入我腦袋的理財觀。

現在已經不需要這種觀念，因為有銀行、有卡片，要錢隨時可領，沒錢也可以簽帳，那個年代沒有機會讓人憑著個人信用來融資或貸款，買房要花多少錢，你就得準備多少錢，貸款是一九八〇年代才開始的金融業務，當時我都已經三十歲了。

養命錢講白了就是緊急預備金，能幫助自己救急。

從小康到富足，走向累積財富之路

緊急預備金該準備多少才夠用？一般理財規劃師都會告訴你，至少要有六個月的額度，但這話只講一半，我認為不夠，因為當你開始動用六個月的養命錢時，你得意識到之後要加倍賺回，才能把預備金補齊並同時照顧到現在的開銷，因此我認為預備金的基數要擴大、加速累積財富，而不是一直停留在六個月，要從六個月擴大到十個月、十二個月……從小康到富足，慢慢走向累積財富的路。

當你開始有緊急預備金的想法時，也就是有了保險概念。最基本的保險需求是雪中送炭，再好一點是錦上添花。如果雪中送炭是養命錢，那麼錦上添花就是用來理財的，屬於大錢。多少是雪中送炭？多少才算錦上添花？這要看個人感受與能力，只要是當下要用的就是救急，不管五萬或五十萬，多出來的就算是錦上添花。

學分58 風險規劃因需求而不同

以下舉出兩種情況，你可以評估自己的條件：

【案例一】

我陪客戶去和信醫院檢查，經過竹圍馬偕醫院時看到一間安養院，客戶和我都很好奇入住的資格，查了一下，前提是要有健康的身體，每個月房租兩萬四千元，包吃包住，至於保證金則要六萬元。如果退休，你有能力住進這樣的安養院嗎？

【案例二】

有個二十五歲的年輕保險業務員來跟我聊天，希望重新做自己的生涯規劃。二十五歲就踏入保險業，是因為他母親的肺癌轉移成腦癌，並住進馬偕醫院，一個月光自費標靶藥費就要十五萬。二十五歲的人應該做什麼才有能力負擔醫藥費？

不同年齡與需求會有不同的規劃，但不變的原則是量力而為。

以案例二來說，我們普遍認為二十五歲的人就算月領兩萬五也夠用，所以薪資是二十二K起跳；退休後，兩萬四千元就可以住進不差的安養中心，當然你也可以選擇更豪奢的環境。我們對數字要有基礎印象，生老病死要有多少錢？取決於你想過怎樣的生活。

如果以年紀來區分，大致可以從三十歲、四十歲與五十歲來看。三十歲前是大學或研究所剛畢業的階段，你拚命賺錢、努力存錢，為往後人生奠定基礎；四十歲就要有穩固的財富基礎；五十歲財富要自由，不需再為五斗米折腰。

根據自身狀況，擬定理財計劃

勞退新制施行至今已超過十年，大家的認知應該沒有太多問題，雇主每月至少須由工資提繳百分之六，勞工也可以額外從工資中自行提繳退休金。無論有沒有購買商業保險，我通常都會建議員工再自願提繳百分之六的工資，因為這是屬於自己的一份保障，如果退休後，你的勞保可以達到原先收入的六成就是合理的，過去公教人員還一度高達八、九成，這就不合理，所以才會有十八趴的問題。

如果你決定過單身生活，把自己照顧好就是唯一的目標。你可以幫自己訂下退休後的生活條件，例如你現在月薪是五萬元，如果希望退休後每個月可以有三萬的生活費，這些錢要怎麼來？這就是自己可以規劃的方向。無論如何我都強烈建議你一定要買個小房子，即使是一百萬元的小套房都好，擁有不動產就是照顧自己的起碼條件。

至於已婚有小孩的你生活可就精彩了，因為你是瓶子裡的跳蚤，怎麼也逃不開這瓶子；單身者的負擔要量入為出；有小孩與家庭的負擔就要量出為入，要看全家的開銷有多少？餵飽每張嘴的基本費用是多少？再想辦法賺錢找錢補足開銷。

學分59 留住成功，坐看雲起

什麼是財富？有段順口溜是這樣說的：「錢在銀行，人在天堂，兄弟對簿公堂，老婆在別人的床。」這雖然是笑話，但也有幾分真實。我不是個有錢的人，但我心裡很富有，每個人主觀上的富有感覺或許不盡相同，但客觀上可以從幾個面向來檢視自己是否財富自由。

你有沒有跟人借錢？

你有沒有信用卡欠款？

你有沒有負債？

你是否使用循環利息？

真正的財富自由是你都沒有負債。買保險不是負債，而是儲蓄；買房或買車是負債，但為良性負債，你可以在一定時限內清償完畢，就好像高鐵抵達的時間很明確，房貸、車貸就是這類負債。循環利息絕對不好嗎？端看你如何使用。如果你拿來吃冰淇淋當然不聰明，但如果你有辦法在循環利息滾動前就有收益，並清償完畢，我當然不反對你試試。

除了外在財務狀況必須做到財富自由，內心富有則是另一種層次。很多人對錢沒安全感，一想到要養家就覺得有壓力，只好卯足了勁拚命賺錢，人生該拚到什麼時候？就要看你的目標是什麼？

我剛進南山人壽時，客戶總說是捧我的場、跟我買保險，是他們在幫助我。等到這些客戶七、八十歲時，他們就不會覺得是在幫我，而能明白當年我幫他們規劃的保單既專業又貼心，甚至遺憾自己沒買更多保單。除了外在客戶直接給予的業績，我同時也幫自己訂下這一生在保險業長遠明確的目標：希望培養一百個專業經理人。即使我還沒達到這目標，但我也並不失望，因為我還在努力中，我知道我會完成，這就是內心的財富。心裡的財富是自己快樂、別人也快樂，我願意付出，也可以幫我身邊的人賺錢、過更好的生活，這就是無形的財富，覺得自己做的事情有快樂充實的感覺，而且是內化的，不一定要讓別人知道。

如果我們每個人都能慢慢從外在物質財富向內延伸到內心財富，進而陶冶自己、提升自己，也不必刻意拿出來，只是為了自己的樂趣與平靜，少花時間對外批評，多幫助別人，這樣社會不僅不會亂，人心也能更感到富足。

什麼是成功？什麼是成就？

我認為成就通常是別人給的加冕、勛章、光環或名號，這是一種殊榮，我們不會說自己多有成就，成就也不一定就是成功。舉例來說，像樂聖貝多芬、音樂神童莫札特或畫家梵谷等，這些偉大藝術家的作品流傳千古，幾乎可以說後人已無法取代，那是一種成就，但是在他們的人生中，不一定會被當成是成功的典範，因為貝多芬飽受耳疾之苦，莫札特窮愁潦倒，梵谷更是抑鬱寡歡相當不得志。他們的人生即使不算失敗，但也是痛苦的。

成功比較像是單獨事件。舉個大家所熟知的例子，吳寶春的麵包、微熱山丘的許家兄弟，都是台灣響叮噹的品牌，還展店到國外去了。他們的成績斐然，大家有目共睹，自己也能追求並且掌握，這是成功。比起成就，成功比較容易看得到，也容易操之在我，雖然成就比較長遠，也能立名，但我們總是先從自己能掌握的方向先做起。

如何能留住成功？成功有留德、留書、留財三個層面。簡單來說，前面提到我在保險業的目標是希望帶領出一百位專業經理人，如果我能把這麼多年的工作，甚至是成功經驗複製給別人，讓他們有更快達到成功的途徑與模式，這就是留住成功。這份成績不因我的去留、甚至人生謝幕而消失，而且他們也會繼續把這份模式複製下去，像漣漪一樣不斷開展。留書則像是我的著作與創作，繼續傳誦至下一代。若有財富留給下一代，也算是一種成功，即為留財。

至於留德，比方成立基金會、成立獎學金，留給下一個世代的人，不一定是自己的孩子、後代子孫，讓社會上的人可以因為我而有點改變，我也因此覺得自己很有貢獻，對得起自己的良心、家庭與社會。

諾貝爾（Alfred Bernhard Nobel）念小學時，成績總是班上的第二名，第一名的永遠是另一名同學。有一個學期，那位同學因為生病請長假，其他同學都私下為諾貝爾高興，這下子諾貝爾總算能拿第一名了，但是他卻沒這麼想，反而把筆記整理好送給第一名的同學。結果那個學期拿到第一名的仍是那位同學，而不是諾貝爾。我對這故事的印象一直很深，諾貝爾的器度就是仁者無敵。

孔子說，三人行必有我師，但我覺得人人都是我的老師，不管是成功或者失敗的例子，都是我的榜樣與借鏡，把自己放低一點，像諾貝爾那樣不僅沒有敵人，而且也是真正的成功典範。

學分60 學習，永無退休之日

吸收新知、探索世界，不放過任何學習機會

付諸行動實踐是檢驗真理的最佳方法。一九八八年冬天自美國舊金山接回二度中風的岳母，陪伴生父短短數年，直到送走經年隨伺在身邊的養母，已是二〇〇三年十二月。回台定居二十八年，除了陪伴家中的老人、在南山人壽天成通訊處任職外，我習慣也喜愛把時間排滿，希望盡可能地吸收新知、探索我尚未認識的世界。因此無論聽演講、進修、參加短期課程、活躍社團活動等，只要能學習我都不會放過機會。

一九九五年底，我在青創總會聆聽當時暢銷書《EQ》的演講，在青創會櫃檯看到一份在職專班碩士課程招生簡章，是由美國聯邦大學與青創會在台聯合招生，當時我毫不猶豫就報名參加。一九九七年秋天，全班二十六位同學一起遠赴美國聖地牙哥接受碩士學位考試，通過筆試與口試，我取得了第一張ＭＢＡ文憑。

二〇〇一年，我考取國立政治大學經營管理碩士學程的「風險管理與保險

阻」，於二〇〇四年五月畢業；同年我又報考國立台灣大學在職專班經濟學系研究所。家人不理解為何我一把年紀還要念書，我很怕他們阻止，所以是偷偷報名去上學的。我在有限的時間與壓力如此大的工作環境中苦讀，直到二〇〇九年一月方取得學位；二〇一二年元月自美國杜克斯國際大學（Dorcas Internaional University）取得企業管理博士；二〇一五年九月開始進入北京大學總裁經營方略班進修。現在我還不斷在兩岸間穿梭，一邊念書、一邊遊玩，有人這樣形容我：「你的眼皮經常是疲倦的，但心總是沸騰的。」

以畢生之力傳遞一己之愛

我在演講中分享生涯規劃、在學習過程裡增加自己的能力。即使年過六十，我依然樂此不疲，在學習過程中也結識不少朋友，我們的共同點是不希望白白浪費生命，同時也希望能夠把自己的經驗分享給更多人；若說我老派，我接受，因為我的確堅信人要飲水思源，用誠意、正心、修身、齊家，以畢生之力將愛傳遞出去。

也許老天爺真的有使命交付給我，也相信我能勝任，二〇一六年一月三十一日，我當選「中華民國企業經營管理顧問協會」理事長，這兩年的重任才要出發。我始終相信不管年齡，有目標的生活才能落實圓滿的人生；終身學習，持續身體力行。

好想法 08

平衡的力量

從生活智慧到職場體驗，成就夢想的 60 個人生必修學分

作　　者：中華華人講師聯盟
文字整理：陳心怡
主　　編：林佳慧
特約編輯：朱妍曦
校　　對：朱妍曦、林佳慧
封面設計：柯俊仰
版型設計：林佩樺
寶鼎行銷顧問：劉邦寧

發 行 人：洪祺祥
總 編 輯：林慧美
副總編輯：謝美玲
法律顧問：建大法律事務所
財務顧問：高威會計師事務所
出　　版：日月文化出版股份有限公司
製　　作：寶鼎出版
地　　址：台北市信義路三段 151 號 8 樓
電　　話：（02）2708-5509　傳真：（02）2708-6157
客服信箱：service@heliopolis.com.tw
網　　址：www. heliopolis.com.tw
郵撥帳號：19716071 日月文化出版股份有限公司
總 經 銷：聯合發行股份有限公司
電　　話：（02）2917-8022　傳真：（02）2915-7212
印　　刷：中原造像股份有限公司
初　　版：2016 年 05 月
定　　價：300 元
I S B N：978-986-248-545-3

國家圖書館出版品預行編目資料

平衡的力量：從生活智慧到職場體驗，成就夢想的 60 個人生必修學分 / 中華華人講師聯盟著 . -- 初版 . -- 臺北市：日月文化 , 2016.05
264 面 ;17 × 23 公分 . -- (好想法；8)
ISBN 978-986-248-545-3(平裝)

1. 成功法 2. 生活指導 3. 文集

177.2　　105002769

日月文化集團
HELIOPOLIS
CULTURE GROUP
客服專線 02-2708-5509
客服傳真 02-2708-6157
客服信箱 service@heliopolis.com.tw

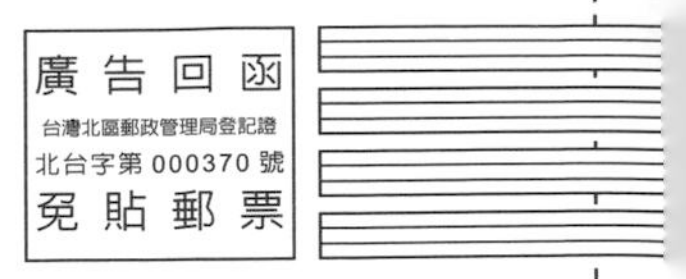

日月文化集團 讀者服務部 收

10658 台北市信義路三段151號8樓

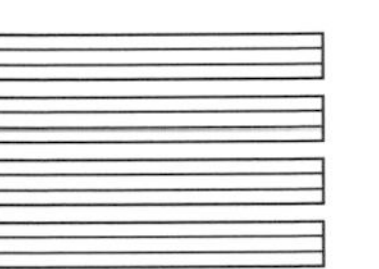

對折黏貼後，即可直接郵寄

日月文化網址：**www.heliopolis.com.tw**

最新消息、活動，請參考 FB 粉絲團

大量訂購，另有折扣優惠，請洽客服中心（詳見本頁上方所示連絡方式）。

日月文化

EZ TALK

EZ Japan

EZ Korea

大好書屋・寶鼎出版・山岳文化・洪圖出版　EZ叢書館　EZKorea　EZTALK　EZJapan

感謝您購買 平衡的力量

為提供完整服務與快速資訊，請詳細填寫以下資料，傳真至02-2708-6157或免貼郵票寄回，我們將不定期提供您最新資訊及最新優惠。

1. 姓名：＿＿＿＿＿＿＿＿ 性別：□男 □女
2. 生日：＿＿＿年＿＿＿月＿＿＿日 職業：
3. 電話：（請務必填寫一種聯絡方式）
   （日）＿＿＿＿＿（夜）＿＿＿＿＿（手機）＿＿＿＿＿
4. 地址：□□□＿＿＿＿＿＿＿＿
5. 電子信箱：＿＿＿＿＿＿＿＿
6. 您從何處購買此書？□＿＿＿＿＿縣/市＿＿＿＿＿書店/量販超商
   □＿＿＿＿＿網路書店 □書展 □郵購 □其他
7. 您何時購買此書？ 年 月 日
8. 您購買此書的原因：（可複選）
   □對書的主題有興趣 □作者 □出版社 □工作所需 □生活所需
   □資訊豐富 □價格合理（若不合理，您覺得合理價格應為＿＿＿＿）
   □封面/版面編排 □其他＿＿＿＿＿＿＿＿
9. 您從何處得知這本書的消息： □書店 □網路／電子報 □量販超商 □報紙
   □雜誌 □廣播 □電視 □他人推薦 □其他
10. 您對本書的評價：（1.非常滿意 2.滿意 3.普通 4.不滿意 5.非常不滿意）
    書名＿＿＿ 內容＿＿＿ 封面設計＿＿＿ 版面編排＿＿＿ 文/譯筆＿＿＿
11. 您通常以何種方式購書？□書店 □網路 □傳真訂購 □郵政劃撥 □其他
12. 您最喜歡在何處買書？
    □＿＿＿＿＿縣/市＿＿＿＿＿書店/量販超商 □網路書店
13. 您希望我們未來出版何種主題的書？＿＿＿＿＿＿＿＿
14. 您認為本書還須改進的地方？提供我們的建議？

好想法 相信知識的力量

the power of knowledge

寶鼎出版